D0647461

PÁGINAS ESCOGIDAS

COLECCIÓN AUSTRAL

N.º 1163

JOSÉ MARTÍ

PÁGINAS ESCOGIDAS

SELECCIÓN Y PRÓLOGO DE

ALFONSO M. ESCUDERO, O. S. A.

PROFESOR EN EL LICEO SAN AGUSTÍN Y EN LA UNIVERSIDAD
CATÓLICA DE SANTIAGO

Colaboración de Leonor Cormatches Díaz-Muñoz,
ayudante de Literatura Hispanoamericana en la
Universidad Católica de Santiago

QUINTA EDICIÓN

ESPASA-CALPE, S. A.
MADRID

Ediciones para

COLECCIÓN AUSTRAL

Primera edición: 27 - VII - 1953
Segunda edición: 22 -   I - 1954
Tercera edición: 20 -   I - 1971
Cuarta edición: 9 - III - 1979
Quinta edición: 8 - X - 1984

© *Espasa-Calpe, S. A., Madrid, 1953*

—

Depósito legal: M. 31.299—1984

ISBN 84—239—1163—2

Impreso en España
Printed in Spain

Acabado de imprimir el día 8 de octubre de 1984

Talleres gráficos de la Editorial Espasa-Calpe, S. A.
Carretera de Irún, km. 12,200. 28049 Madrid

ÍNDICE

VERSO

P R Ó L O G O

I.—LOS CUARENTA Y DOS AÑOS DE JOSÉ MARTÍ

Nació José Martí el 28 de enero de 1853, en La Habana. Sus padres fueron Mariano Martí Navarro, valenciano, y Leonor Pérez Cabrera, canaria de Santa Cruz de Tenerife.

Don Mariano llega a Cuba como soldado (sargento); más tarde es celador de policía, y siempre un español algo rudo, algo esquivo, e integérrimo.

Pepe aprende a leer en el Colegio de San Anacleto; y cuando ya se ha hecho notar como alumno aventajado, una sonrisa del destino lo lleva a la Escuela Municipal de Varones, donde (1865) se encuentra con don Rafael María Mendive, que va a imprimir en él una marca para toda la vida. Mendive —educador y poeta— descubre en Martí pasta de artista y héroe, lo cultiva como tal y se compromete (1866) a costearle los estudios de bachillerato.

En 1868 Pepe Martí rinde exámenes de segundo año secundario, como alumno del Colegio de San Pablo, que es el que ahora dirige Mendive.

En realidad, el muchacho vive más con Mendive que con su propia familia. A tal grado ha llegado el ascendiente del sabio y suave mentor.

El destino de los españoles en América había sido el de engendrar criollos inconformistas. Es lo que pasa a don Mariano con su Pepe.

Tres fueron en el siglo XIX las posiciones de los cubanos no conformistas con el régimen español: el autonomismo, el anexionismo (a los Estados Unidos) y la independencia. La del autonomismo era una solución tímida; la del anexionismo era indigna; para los cubanos que —desarrollo económico, preparación cultural y política— se consideraban maduros para tener *su* patria, no había otra solución que la independencia lisa y llana, posición muy para Martí, como correspondía a un adolescente moldeado por Mendive.

El grito de Yara (10 de octubre de 1868) encuentra a Pepe Martí matriculado en tercer año. Pero a poco sobreviene la detención de Mendive, y su colegio es clausurado.

Entretanto Martí experimenta por primera vez (enero de 1869) la emoción de que un periódico acoja algo suyo: *El Siglo* su soneto *Diez de Octubre*, y luego *La Patria Libre* su poema dramático *Abdala*. Todo, de intención política.

Un papel imprudente —firmado por Pepe y Fermín Valdés Domínguez— da a ambos amigos ocasión para una competencia de generosidad y (1870) lleva a Pepe a la cárcel, de la cual sale sólo para ir a sufrir, en unas canteras y durante seis meses, transformado en el número 113, el suplicio del sol y unos grillos que le dejarán marcadas para siempre las piernas, pero todavía mucho más el espíritu. Hasta que, tras una sedante reclusión en la isla de Los Pinos, lo deportan a España.

Apenas en Madrid, publica (enero de 1871) *El presidio político de Cuba*. Son —dice Mañach— «cincuenta páginas vibrantes de dolor y de piedad, de dramático verismo y de apóstrofes y antítesis huguescas», muy del estilo de quien acaba de pasar tres meses en una isla leyendo la Biblia y *Los miserables*.

Entra en contacto con cubanos distinguidos: Nicolás Azcárate, Calixto Bernal, Barbarita Echeverría; y con escritores y políticos peninsulares.

Martí es pobre, muy pobre. Pero sus amigos velan delicada y constantemente por él. Y no sólo mediante la encomienda de clases privadas y traducciones.

Mientras tanto, él asiste al teatro, en los salones se asimila buenas maneras, presencia torneos de elocuencia, escribe en los periódicos y, sin haber terminado su bachillerato, se matricula en la Universidad Central.

El 27 de noviembre de 1871 se fusila en La Habana a ocho estudiantes. Martí vibra horrorizado ante la noticia y se hace a sí mismo un juramento sin palabras.

Se le une en Madrid su fraternal amigo Fermín Valdés Domínguez. Y Martí continúa escribiendo artículos, estudiando, agitando opiniones. Se lo llama *Cuba Llora*...

Se traslada, con Fermín, a Zaragoza (1873) y, en dieciséis meses (1873-1874), rinde, en pintoresco desorden, un número impresionante de exámenes secundarios y universitarios. Hasta que llega a ser licenciado en Derecho... y bachiller.

Aparte el atracón de estudio, en la ciudad de la Pilarica ha vivido Pepe un período de relativa felicidad: holgura en gran parte derivada de la compañía de Fermín, y estímulo de unos ojos femeninos cariñosos.

Pero... España ya no puede brindar ninguna esperanza a quien ha jurado consagrarse a la independencia de su tierra.

A fines de 1874 se traslada a París, donde visita la tumba de Eloísa y Abelardo y conoce a Víctor Hugo y a Augusto Vacquerie. Y en Southampton, con pasaje de tercera, que la generosidad de Fermín transforma en de primera, se embarca rumbo a Veracruz.

Pocos días más tarde sube a la capital. En México se reúne con su familia, que ha emigrado de Cuba en busca de mejor acomodo. Pero llega tarde para alcanzar a ver a la hermana predilecta, Anita, que acaba de morir.

La estada en México es trascendental en la vida de José Martí: allí comienza a conocer la grandeza del pasado indígena y la del colonial; allí entra a ganar el pan para sí y para los suyos; allí se casa; allí se hace de amigos como Guillermo Prieto, Ignacio M. Altamirano, Juan de Dios Peza, Vicente Riva Palacio, Peón y Contreras, Justo Sierra, Manuel Gutiérrez Nájera y, sobre todo, Manuel Mercado.

Trabaja en lo de siempre: clases, artículos, traducciones, a lo que hay que agregar una obrita teatral: *Amor con amor se paga.*

Y a propósito de amor, vive un poco el embrujo de Rosario la de Acuña; y luego el de una actriz, hasta que, como dice Hernández-Catá, «merced a esa ternura recóndita con que se atraen los de una misma tierra fuera de ella, halló a una cubana y la amó con el amor doble de quien no quiere padecer terribles sueños y aspira a engendrar en mujer de su suelo un hijo a quien entregar la patria conseguida» (pág. 153): es la acaudalada y linda camagüeyana Carmen Zayas Bazán, con la que se compromete.

Nostálgico, vuelve (1877) de incógnito a La Habana; permanece allí un mes, y pasa a Guatemala.

Lindo país el de Guatemala; y considerable el papel que desempeña en la vida de Martí: hijo de guatemalteco es su amigo Fermín Valdés Domínguez, «hermano del alma»; y de Guatemala, María García Granados, «la frente —dice— que más he amado en la vida».

Residía por esos años en la ciudad de Guatemala una familia cubana emigrada: los Izaguirre, que sostenían un colegio muy frecuentado por niñitos y niñitas de gente pudiente.

«También —recuerda M. Soto Hall— recibían clases de pintura, música y canto, literatura y algunas otras materias de adorno, muchachas de quince, dieciséis y hasta dieciocho años. Entre éstas predominaba por sus galas y sus prendas María.»

Pero Martí no la conoció en el Colegio Cubano, sino en un baile de fantasía de los que se daban en su casa, la del general y ex presidente García Granados.

María se enamora locamente de aquel extranjero pálido que acaricia con la palabra. («Tu niña», firma en una dedicatoria.) Y el extranjero se deja amar; pero regresa a México a cumplir un compromiso; y el 20 de diciembre de 1877 contrae matrimonio civil y religioso con Carmen Zayas.

Vuelve con Carmen a Guatemala, donde hace méritos para que lo llamen *Doctor Torrente*, como en Madrid lo habían llamado *Cuba Llora*.

¿Y María? «Nosotros, sus compañeros —sigue recordando Soto Hall—, vimos cómo languidecía a ojos vistas María García Granados. No fue nunca un bullicioso cascabel, pero sí una campanita de cristal sonora. Sabía muchas cosas y las refería con donaire... Ahora había cambiado por completo... La colegiala estaba callada y triste... Cierto día la compañera fina y frágil como un ala de mariposa, que hacía tiempo había venido adelgazándose como si un cincel invisible desgastara su figura estatuaria, faltó al colegio; y corrió el rumor de que se encontraba grave... Una mañana... recogimos flores para la compañera que no regresaría más.»

> Dicen que murió de frío;
> yo sé que murió de amor,

recordará más tarde Martí. Y el recuerdo de María se le convertirá en una obsesión que canalizará en poema.

Por el momento le habría sido violento continuar en el país. Y la ocasión de alejarse con gallardía se la da el mismo caudillo guatemalteco de esos días: el general Barrios.

Con la paz de Zanjón (10 de febrero de 1878), ha terminado en Cuba la guerra de Diez Años.

Martí regresa por Honduras a La Habana.

Da clases privadas; le nace el hijo; trabaja como abogado, primero en el bufete de don Nicolás Azcárate, que también ha regresado a Cuba, y luego en el de don Miguel F. Viondi (donde comienza a tratar a Juan Gualberto Gómez); entra a formar parte del personal del Liceo de Guanabacoa; dice discursos incendiarios, conspira.

En septiembre de 1879 vuelve a salir deportado hacia España.

En Madrid se encuentra con Juan de Dios Peza, su amigo y compañero de México. Pasa largas horas en la Biblioteca del Ateneo leyendo, especialmente a Quevedo, Saavedra Fajardo, Gracián, Jovellanos.

Después de algunos días en París, se traslada a Nueva York, a donde llega el 3 de enero de 1880.

Se hospeda en casa de los Mantilla Miyares (calle 29, número 51).

Ejerce un empleo en una oficina; escribe en un inglés incorrecto y sabroso para *The Hour*, y en francés para *The Sun*.

Además, se incorpora desde el primer momento al Comité Revolucionario Cubano de Nueva York.

Se le une Carmen con el hijo, «el reyezuelo», con quien juega por las mañanas.

En 1881 pasa seis meses en Caracas. Su primera visita es al monumento a Bolívar. Después ya podrá entablar amistad con el grande y austero Cecilio Acosta, con Eloy Escobar y otros.

Siente nostalgia del hijo. En Madrid se había visto casi agredido por una madre al besar en un paseo público a un niño que le recordaba el suyo. Ahora vuelca en versos su emoción.

Da clases de oratoria a un grupo de muchachos que más tarde han de ser célebres (Gil Fortoul, César Zumeta, Picón Febres, Lisandro Alvarado...); publica dos números de la *Revista Venezolana;* hace de Cecilio Acosta, recién muerto, un elogio que es una bofetada indirecta a Guzmán Blanco; y, gracias al dinero que le presta Arístides Rojas, vuelve a Nueva York antes que sea demasiado tarde.

Desde allí envía a *La Opinión Nacional* de Caracas correspondencias firmadas con seudónimo; y se liga a venezolanos desterrados: Pérez Bonalde, Gutiérrez Coll, Bolet Peraza.

Hace más versos dedicados al hijo. Pérez Bonalde y Gutiérrez Coll lo animan a publicarlos, y así aparece *Ismaelillo* (1882), que Darío llamará «minúsculo devocionario lírico, un arte de ser padre, lleno de gracias sentimentales y de juegos poéticos», y que Pedro Henríquez Ureña señalaba como primer paso dado en América en la historia de la renovación modernista.

Ese mismo año acrecienta considerablemente y cierra sus *Versos libres,* que había comenzado a escribir en 1878, pero que no se publicarán sino después de su muerte.

Todavía hay otro motivo para considerar trascendental en la vida de Martí ese año de 1882: cesan sus correspondencias para *La Opinión Nacional* de Caracas, pero en cambio comienza (13 de septiembre) su serie para *La Nación* de Buenos Aires, que difundirá su nombre en el Sur.

Además escribe en *La América* neoyorquina, traduce para la casa Appleton algunas obras, y es designado vicecónsul del Uruguay.

Con todo lo cual ya puede permitirse el lujo de alquilar en Brooklyn una casita decente, donde vuelven a reunírsele Carmen y su hijo, y a donde llega también un día don Mariano (1883).

Y prosigue —en el periódico y en la tribuna— su labor por la libertad de Cuba. Porque:

«¡Señores, el que tenga patria, que la honre; y el que no, que la conquiste!»

Sin embargo, él sabe esperar. Cree que, en vez de precipitarse, la consigna debe ser por ahora la de unirse.

Liberal romántico, y anticaudillista, no ha querido vivir en Cuba por no estar de acuerdo con el coloniaje; y sale de México por no humillarse ante Porfirio Díaz; de Guatemala, por discrepancias con el general Barrios; y de Venezuela, por no sumarse a los incensadores de Guzmán Blanco.

Ahora (20 de octubre de 1884) se distancia del general Máximo Gómez porque no quiere «cambiar el despotismo político actual en Cuba por el despotismo personal, mil veces peor».

Y como hay quienes no comprenden o no quieren comprender su proceder, el 23 de junio de 1885 hace publicar en *El Avisador Cubano* de Nueva York el anuncio de que el jueves 25, a las siete y treinta, estará en Clarendon Hall, listo para responder a los cargos que quieran hacerle sus conciudadanos. Una ovación vota con claridad a favor suyo.

Muere en La Habana don Mariano, su padre (1887); y la madre, doña Leonor, va a pasar junto al hijo algunos meses.

Entra a colaborar en *El Economista Americano* de Nueva York; y sigue traduciendo.

Es nombrado cónsul del Uruguay (abril de 1887), como más tarde lo será de Argentina (junio de 1890) y del Paraguay (julio de 1890).

Pero su ocupación dominante sigue siendo, sobre todo desde 1887, la patriótica.

Atiende en Front Street, 120.

Una de sus predilecciones son los niños.

A veces sale en compañía de los Mantilla o los Carrillo, y les habla en el lenguaje del que se achica para ser entendido por los niños. Desde luego, tiene el arte de saber interesarlos con cuentos.

Gracias a un brasileño, A. d'Acosta Gomes, funda (1889) una revista destinada a la gente menuda, *La Edad de Oro*, que Hernández-Catá ha llamado «prodigio de pedagogía simpática».

Para escribirla, dice Gutiérrez Nájera, «ha dejado de ser río y se ha hecho lago, terso, transparente, límpido: se ha hecho niño».

Pero *La Edad de Oro* no alcanza sino a cuatro números (julio-octubre).

A fines de 1889, la Sociedad Literaria Hispanoamericana, que acaba de fundarse en Nueva York y que preside el colombiano Santiago Pérez Triana, designa a Martí para que hable en su nombre en la velada que celebra en honor de los delegados a la primera Conferencia de las Naciones Americanas.

Sigue escribiendo versos, pero sobre todo versos sencillos. Los *Versos sencillos*, precisamente.

Miembro de *La Liga*, sociedad protectora de la instrucción de la gente de color, y profesor de español en la Escuela Central Superior de Nueva York, trataba en sus clases de lo que los alumnos le pedían; y alguien decía de él:

«Dan ganas de cometer faltas adrede, por el solo gusto de oírselas corregir.»

Participa en la Conferencia Monetaria de Washington (1890).

Carmen Zayas hace, reuniéndosele en Nueva York, el último esfuerzo para rehacer el hogar. Pero la soldadura ya es imposible.

Y a este propósito, desde luego habría convenido que Martí no se hubiera casado con Carmen Zayas, que a todo anteponía el porvenir familiar: ellos, el hijo.

Eso desde el punto de vista de ella, independientemente de cierta proclividad confesada por Martí una vez que escribía desde los Estados Unidos:

«Éste es el único país de cuantos he visitado donde he podido pasar una semana sin concebir una devoción particular y un afecto profundo por alguna mujer.»

¿Cómo extrañar, pues, que lejos de la suya, enamoradizo y sediento de ternura, diera a Carmen Zayas muchas veces motivos de distanciamiento?

Así, aquel hogar apenas lo fue año y meses. Y Martí, desde su llegada a Nueva York, se había dejado cautivar de los ojos y la suavidad de Carmita Miyares de Mantilla, a cuya hija menor, María, consagrará el cariño de un padre tiernísimo.

Y retrocediendo un poco, ¿no podríamos atribuir a la niña de Guatemala la primera arruga en la frente de doña Carmen Zayas Bazán?

La acción cubanista de Martí, que se agudiza en el quinquenio 1887-1891, desde 1891 se precipita.

Todavía olorosos a tinta de imprenta sus *Versos sencillos* (1891), al protestar España de que el cónsul de Argentina, Uruguay y Paraguay se ampare en sus franquicias de cónsul para agitar con más comodidad, renuncia (17 de octubre) a los consulados; e, invitado a Tampa por Néstor L. Carbonell y no queriendo otros lugares ser menos que Tampa, Martí quiebra su permanencia en Nueva York en continuos viajes de propaganda, tan eficaces como los realizados (fines de 1891 y comienzos de 1892) a Tampa y Cayo Hueso (Key West).

«La palabra ardiente de Martí lima aristas, dobla y junta criterios, calienta voluntades» (Mañach, pág. 209); y el Partido Revolucionario Cubano ya es una realidad.

En marzo de 1892 aparece el primer número del órgano del partido: *Patria*, que con frecuencia tendrá Martí que redactar casi enteramente.

Y sigue en sus actividades de líder y palabra de la revolución.

«Montado en un relámpago», conversa con uno y otro, detiene golpes, pronuncia discursos, lee conferencias, escribe cartas, redacta instrucciones condensadas a tres secretarios a la vez, envía agentes a donde conviene enviarlos.

¿Hace falta volar a Santo Domingo para comprometer la espada indispensable de Máximo Gómez? Allá va Martí, y durante tres días conversa con Gómez en Montecristi (septiembre de 1892).

Vuelve para Jamaica para abrazar de pasada a la madre del general Maceo. Y en octubre ya puede dar cuenta de su viaje.

En Tampa casi es víctima del veneno. Pero es allí mismo donde Paulina Pedroso, entusiasmada con su prédica, grita:

—Caballeros: si alguno de ustés tiene mieo de dar su peseta o de ir a la manigua, que me dé sus calsones, y aquí tiene mi camisón...

El 24 de mayo de 1893, en una fiesta del Hardman Hall, coincide Martí con Rubén Darío, de paso para París y Buenos Aires. Esa noche Martí —ya delegado del Partido Revolucionario— tiene que defenderse ante un auditorio hostil. Resultado: es aclamado. Ahora ya podrá charlar largo con el nicaragüense, que años después recordará:

«Nunca he encontrado, ni en Castelar, un conversador tan admirable. Era armonioso y familiar, dotado de una prodigiosa memoria, y ágil y pronto para la cita, para la reminiscencia, para el dato, para la imagen.»

Vuelve a ir a entrevistarse con Máximo Gómez, y en seguida se traslada a Costa Rica a hablar con Antonio Maceo y Flor Crombet, y de Panamá se embarca para Nueva York.

Sigue acumulando fondos y comprando armamentos para la guerra. Pero cuando un bandolero ofrece diez mil pesos para la caja de la causa, Martí rechaza el ofrecimiento.

Nuevas jiras (1894) por Filadelfia, Tampa, Cayo Hueso, Nueva Orleáns, Costa Rica, Panamá, Jamaica, México, en lo de siempre: reunir recursos, animar tibios, ganarse voluntades.

A fines de 1894 lleva gastados 75.000 pesos, pero ya están listos y bien equipados los tres barcos en que han de trasladarse a Cuba expedicionarios y armas. Una delación (enero de 1895) hace fracasar el plan. El Gobierno de los Estados Unidos se incauta de los barcos que tanto ha costado alistar. Martí llora de desesperación. Pero se rehace.

Doña Marta Abreu de Estévez y otras personas reaccionan con generosidad remediadora.

Y el 31 de enero vuelve Martí a salir para Santo Domingo. Es la tercera vez... y será la última.

En Montecristi reciben, él y Gómez (26 de febrero), la noticia del alzamiento general de Cuba de dos días antes.

La junta de jefes decide que Martí regrese a los Estados Unidos a continuar los trabajos de organización y propaganda. Pero él habría preferido que ningún Collazo pudiera volver a decirle que hacía la guerra desde el escritorio. Y cuando los demás jefes acceden a su voluntad de trasladarse a la isla levantada en armas, Martí se alegra como un niño.

El 25 de marzo firma con el general Gómez el Manifiesto de Montecristi.

Ese mismo día escribe a Federico Henríquez y Carvajal una carta que también se ha hecho célebre como su testamento político. Una semana después, el 1 de abril, dirige a Gonzalo de Quesada y Aróstegui una que se considera su testamento literario; y el 9 de abril, otra, a María Mantilla, maravillosa carta que Lizaso llama el «testamento del corazón de Martí».

Y es que Martí presiente que ha llegado su hora.

El 11 de abril desembarca con cinco acompañantes en playas cubanas, y la mañana del 5 de mayo se reúne en consejo con los generales Gómez y Maceo.

El pueblo lo aclama presidente.

El 18 comienza a escribir a Manuel Mercado una carta que va a quedar inconclusa.

Muere en acción de guerra al día siguiente, 19 de mayo de 1895, en Dos Ríos.

Al enterrarlo, días después, en Santiago de Cuba, el coronel español Ximénez de Sandoval dice:

«Señores: cuando pelean hombres de hidalga condición, como nosotros, desaparecen odios y rencores. Nadie que se sienta inspirado de nobles sentimientos debe ver en estos yertos despojos un enemigo, sino un cadáver. Los militares españoles luchan hasta morir; pero tienen consideración para el vencido y honores para los muertos.»

II.—MÁS TRAZOS PARA SU RETRATO ESPIRITUAL

Su anticatolicismo.

Martí —escribe Manuel Pedro González— «no fue adepto a ninguna religión positiva u organizada, aunque en el fondo era un espíritu con sed religiosa».

Formado en un catolicismo superficial, más tarde ataca a la Iglesia católica, especialmente en cuanto cooperadora de España («el clero, por quien España perdura en América»).

Y como muchos de los interesados en desgajar del árbol español sus brotes, se afilió a la masonería desde joven; y de su catolicismo ya no sobrevivirá sino una borrosa huella estética.

Su antiespañolismo.

Las llagas que le dejaron en las piernas los grillos de cuando muchacho, solían reabrírsele. Pero la herida más tenaz fue la que le quedó en el alma: no cicatrizó nunca.

«La historia de todos los países —ha observado Hernández-Catá— dice que sus enemigos fueron malos siempre.»

Martí había nacido de padres españoles y en tierra gobernada por españoles. Pero formada en él la convicción de que la independencia de Cuba era necesaria, *español* pasó a ser sinónimo de injusto y malo. Y ya ni la historia ni la civilización y la cultura españolas se libran de sus saetas.

En cierta ocasión se excusa de escribir en papel español; y cuando, a propósito de la Exposición de París (1889), pasa revista a las civilizaciones de la historia, se olvida de España.

Y desde que se da cuenta en México y Guatemala de la grandeza del pasado indígena, se hace indigenista, exalta desmedidamente a Las Casas, denigrador de la colonización española; y cuando habla de que tenemos la obligación de conocer a nuestra América, se refiere sólo a los indios: olvida a los blancos y a los mestizos; y hasta la inocente palabra *patriarca* adquiere bajo su pluma un significado denigrante.

Nuestra América y la otra.

Pero no se desciende de españoles en vano.

«El apóstol del separatismo cubano —escribe Chacón y Calvo— cuidaba mucho de distinguir lo hispánico del hecho colonial; combatía el régimen colonial de España, pero tenía un alto respeto por el espíritu español.»

Sobre todo a la lengua de España le guardó una lealtad de conocedor y enamorado.

Como procuraba evitar el calificativo de *español*, no llamó *española* a «nuestra América». A veces dijo Hispanoamérica, pero más frecuentemente sólo «nuestra América».

Y de los Estados Unidos, centro de sus operaciones durante catorce años, y de los que trató en colaboraciones que hoy ocupan 17 volúmenes de la edición Trópico, desconfió desde el primer momento y siempre.

La guerra de Texas fue para él «una guerra infame».

«En vano... nos convida este país con su magnificencia, y la vida con sus tentaciones, y con sus cobardías el corazón, a la tibieza y el olvido. Donde no se olvida, y donde no hay muerte, llevamos a nuestra América, como raíz y como hostia; y ni el interés corruptor, ni ciertas modas nuevas de fanatismo, podrán arrancárnosla de allí.»

Por eso la idea anexionista era para él «el peligro mayor, mayor tal vez que casi todos los peligros».

«¿Quién, por huir de un espantapájaros, se echaría a un horno encendido?»

Y conste que Martí conoció a los Estados Unidos de la otra América como ningún otro escritor de habla española.

«Viví en el monstruo, y le conozco las entrañas», decía a Mercado la víspera de su muerte.

Un hombre que pensara o sintiera así, ¿podría ser panamericanista?

Era hispanoamericanista: «las familias de pueblos, como los partidos políticos, frente al peligro común, aprietan los lazos».

Y, cosa curiosa, y reveladora de la profundidad de la impronta española, su larga permanencia en los Estados Unidos no le hizo olvidar el ritmo castellano, como le pasa en el extranjero a tanto trasplantado.

Otras notas.

«El que no oyó a Martí en la intimidad, no se da cuenta de todo el poder de fascinación que cabe en la palabra humana», dijo una vez Diego Vicente Tejera.

Quienes lo conocieron, parece como que se contagiaran algo de su encanto al pretender evocarlo; y cuentan, y no acaban, de él.

«Algo de niño conservó siempre», ha observado Hernández-Catá, y su dejo franciscano acaso esté relacionado con esa niñedad.

Tuvo amigos tan adictos como Fermín Valdés Domínguez, Enrique Estrázulas, Gonzalo de Quesada y Aróstegui y Manuel Mercado. Y la lista podría prolongarse mucho.

A pesar de que cautos consejeros gastaron frecuente empeño en frenarlo, vivió magnetizado por un ideal cívico (la obtención de la patria independiente), y con su poder eléctrico de persuasión magnetizó a los demás y se convirtió naturalmente en un caudillo civil, endeble, pero ardiente; apasionado, pero sereno en medio de la borrasca.

Y acaso tanto como el de la rebelión tuvo el gusto por la mujer, no sólo en el aspecto de la carne «que tienta con sus frescos racimos», sino también en el de tierno reclinatorio en que apoyar la cabeza fatigada.

Otro distintivo suyo constante fue su capacidad de amalgamar el espíritu realista con la aspiración idealista, el sentido poético con el sentido práctico, como Santa Teresa, la que encontraba a Dios entre los pucheros.

III.—EL ESCRITOR Y LOS GÉNEROS LITERARIOS

Precocidad y abundancia son las características externas fundamentales en Martí escritor.

A setenta sube el número de volúmenes de sus *Obras completas* en la editorial Trópico (La Habana, 1936-1937, al cuidado de Gonzalo de Quesada y Miranda). Y nuevos investigadores elevarán todavía más esa cantidad.

Entre esas obras hay cartas y versos desde los quince años, periodismo desde los dieciséis, un drama poético a los dieciséis y un ensayo político a los dieciocho.

Y su dedicación al trabajo literario es tan constante que, a pesar de haber vivido sólo cuarenta y dos años, le dará derecho a contarse entre los escritores americanos de obra más copiosa.

Sin embargo, fuera de sus versos, no tiene obras orgánicas. Preocupado ante todo por la patria, no tuvo tiempo de dejar en prosa algo digno de su nombre y que no fuera fragmentario.

El periodista y el ensayista.

Sus artículos, crónicas y ensayos periodísticos constituyen —dice Iduarte— «alrededor de las cuatro quintas partes de su obra impresa».

Comenzó a los dieciséis años, en enero de 1869, en *El Diablo Cojuelo*.

Y fue editorialista, cronista parlamentario y teatral, crítico de arte, crítico literario, comentarista de asuntos de actualidad.

De entre los periódicos en que colaboró o de los que fue redactor, mencionaremos por orden cronológico especialmente *La Revista Universal*, México (1875); *The Hour*, Nueva York (1880); *The Sun*, Nueva York (1881); *La Revista Venezolana*, Caracas (1881); *La Opinión Nacional*, Caracas (1881); *La Nación*, Buenos Aires (1882); *La Pluma*, Bogotá; *El Partido Liberal*, México; *La América*, Nueva York (1883); *El Economista Americano*, Nueva York (1887); *El Avisador Cubano*, Nueva York (1888); *La Edad de Oro*, Nueva York (1889); *La Revista Ilustrada*, Nueva York (1891); *Patria*, Nueva York (1892); y *La Revista Azul*, México (1894).

De ellos, llegó a dirigir *La América*, y fundó y dirigió *La Revista Venezolana*, *La Edad de Oro* y *Patria*.

Sin embargo, su participación periodística más trascendental acaso sea la de *La Opinión Nacional* de Caracas, que inicia (1881) su difusión en Hispanoamérica; *La Nación* de Buenos Aires, que populariza su firma y donde colabora muchos años, desde 1882; y *Patria*, que acapara su atención desde 1892 hasta su muerte.

Fue un periodista documentado y empleaba una prisa gallarda y aun poética incluso en los trabajos de tema financiero.

Confirió categoría al oficio de periodista: «La prensa no es aprobación bondadosa o ira insultante; es proposición, estudio, examen y consejo.»

Y a pesar de lo fundamentalmente fragmentario del género, hay en la mayoría de sus trabajos un hilo conductor que le permite decir en 1882 a B. Mitre y Vedia:

«Es mal mío no poder concebir nada en retazos, y querer cargar de esencia los pequeños moldes, y hacer los artículos de diario como si fueran libros.»

De ahí el que muchos de sus artículos puedan ubicarse dentro del ensayo, hecho muy de acuerdo con su calidad de pensador vigoroso y rico de ideas. Aunque don Miguel de Unamuno prefería llamarlo *sentidor*, no pensador.

El orador.

Martí hizo de la oratoria una de sus grandes armas de acción. Y para muchos de sus contemporáneos fue orador ante todo.

En diversos pasajes de sus obras se refiere a la elocuencia:

«No hablaba Bolívar a grandes períodos, sino a sacudidas. De un vuelo de frase inmortalizaba a un hombre; de un tajo de su palabra hendía a un déspota. No parecían sus discursos collares de rosas, sino haces de ráfagas.»

Y a propósito de Wendell Phillips:

«No sería más hermoso el espectáculo que el que encubre el pecho de un orador honrado cuando la indignación, la indignación fecunda y pura, desata el mar dormido, y lo echa en olas roncas, espumas crespas, rías anchurosas, gotas duras y frías, sobre los malvados y los ruines.»

Respecto a Martí mismo, lástima que fuera Vargas Vila el que lo dijera (*José Martí, apóstol libertador*, París, 1938, páginas 23-24), pero dijo así:

«La tribuna transfiguraba a Martí... Al poner los pies en ella, se agigantaba... Aquel hombre febril y encorvado se erguía recto como una flecha... La sonrisa desaparecía de sus labios, la expresión de su boca no se hacía mala, pero adquiría un rictus de severidad, que hacía de sus labios indignados el canal natural al torrente de sus palabras..., el brazo derecho llevado atrás, colocado sobre los riñones, como si ocultara el carcaj repleto de sus flechas..., la izquierda levantada, como si fuera a clavar en tierra una bandera, o como si trazara en vuelo sus metáforas, que eran como alciones en el mar... La extendía luego hacia adelante como si marcase el camino de la victoria a las huestes invisibles.»

Y Luis G. Urbina ya lo había recordado como sigue:

«Todos estaban allí, pero ¡cosa extraña!, callados inmóviles, atentísimos. Y entonces fue cuando, acercándome, empecé a oír una voz, y luego una palabra, y luego un final de discurso. La voz salía del centro del grupo; yo no alcanzaba a ver a la persona que hablaba; una voz de barítono atenorado, una linda voz cálida y emotiva, que parecía salir del corazón, sin pasar por los labios, y así, entrar en nuestra alma, por milagro del sentimiento. Las palabras eran finas, nuevas, musicales, y armónicamente dispuestas, como gemas combinadas en el broche deslumbrante de un joyel. El discurso analizaba la estatua; ponderaba la ejecución; comentaba la actitud; ensalzaba la generosidad del héroe y la interpretación del artista.

»Yo no oía; escuchaba, sentía, en un recogimiento pleno de elevación. ¿Quién derramaba así caudal tan espontáneo de elocuencia, vena tan rica de pasión y de fantasía? ¿Quién estaba improvisando arenga tan fastuosa, de sonoridades de clarín y de vuelos de bandera desplegada? Mi admiración corría parejas con mi turbación. Aquel orador me era desconocido. Su acento, ligeramente costeño, resultaba para mí un enigma. Cuando terminó, un aplauso unánime y un grito de entusiasmo desahogaron las emociones; se abrió el grupo y dio paso a un hombre pálido, nervioso, de cabello oscuro y lacio, de bigote espeso bajo la nariz apolínea, de frente muy ancha, ancha como un horizonte, de pequeños y hundidos ojos, muy fulgurantes, de fulgor sideral. Sonreía, ¡qué infantil y luminosa sonrisa! Me pareció que un halo eléctrico lo rodeaba. Venía hablando todavía, como si el sonoro río del discurso se hubiese convertido en murmurador arroyuelo de palique. Mis amigos me vieron y corrieron a mí, agitando los brazos:

»—¡Ven, ven! —exclamaron—. ¡Es José Martí!

»Su imaginación de poeta era torrencial, inagotable. A cada momento brincaba el tropo, culebreaba el símil, se abría, como una flor la metáfora. Era el suyo un estilo peculiar sobrecargado de color y de luz. Tenía salidas inesperadas; imprevistas torceduras del concepto; bruscos arrebatos de la dicción; sorprendentes hallazgos del neologismo. Su verbosidad era desconcertante y fascinadora. Había viajado y visto mucha vida y, para traer a la charla cualquier pertinente episodio, recorría, alígero y palmo a palmo, la prodigiosa comarca de su memoria. Amaba infinitamente la belleza y poseía el don magno de saber analizarla y comprenderla.»

No escribía íntegramente sus discursos y arengas. (Los de Tampa y Cayo Hueso fueron recogidos por taquígrafos.)

Siempre habló de lo que sabía; más todavía, de lo que se había hecho carne y espíritu suyo.

Todo lo hacía de un modo sorprendente.

En Dos Ríos, momentos antes de morir, dirigió la palabra a sus mambises. Muchos no lo entendieron, pero lo escucharon embelesados, y todos hubieran querido morir por él.

Cerramos el párrafo con palabras de Iduarte, en su *Martí escritor* (segunda edición):

«Es, ante todo, un poeta, un orador poeta, mucho más que un orador lógico y que un orador parlamentario; conmueve, entusiasma, seduce, encanta, enajena; es orador de lucha: para

la plaza pública y para el pueblo; es orador de sentimiento:
hará llorar; la fe de los creyentes está con él, y la ternura de la
mujer y del niño; su imaginación vasta, viva y arrebatada y su
energía para sostener lo que piensa, le dan elocuencia y palabra
florida» (pág. 114).

«La dulzura del poeta... iba acompañada de las cargas de caballería con la espada flamígera en alto —sus largos párrafos—
y del macheteo tupido e innumerable de sus sentencias bíbli-
cas» (pág. 131).

«Martí fue un gran orador, aunque el polo opuesto del orador
profesional. Martí no cultivó nunca la oratoria como embeleso
literario, ni vanidosamente se solazó con ella: la utilizó para
altos fines, que es cosa bien distinta... Redime el gran instru-
mento envilecido por el charlatán común» (pág. 130).

Sus cartas y diarios.

Escribió muchas cartas. Las hay políticas, literarias, íntimas.
Y no las escribió para contarse, sino para aconsejar, alentar,
consolar y, a veces, desahogarse.
Son el medio expresivo en que mejor se trasluce su espíritu.
Pero no limitemos su valor a ése de informarnos de su alma.
Unamuno recordaba:
«Lo que me lo reveló un hombre, todo un hombre, y un ma-
ravilloso escritor, fueron sobre todo sus cartas.»
Entre las últimas sobresalen las escritas a Carmita Miyares
de Mantilla y a su hija María.
Y a propósito de las Mantilla, en ellas también pensaba
Martí al escribir sus *Diarios*, que no son sino prolongación de
sus cartas.

El crítico literario.

Alaba más que ataca; pero no procede así por cálculo, sino
porque le sale más fácilmente la alabanza.
Es fácil demostrar perspicacia haciendo ver las fallas de los
demás. Pero a Martí tal tarea le es antipática.
Prefiere elogiar, y casi siempre se excede en el elogio. Abulta
los méritos, borda arabescos inmerecidos.
Tiene de la crítica un concepto piadoso:
«Por este mundo hay que andar con la espada en una mano
y el bálsamo en la otra.»
Pero ¿cuántos, fuera de Martí, podrían escribir como él
Sobre los oficios de la alabanza?

El autor teatral.

El teatro le interesó durante toda la vida.

Dejó varios bocetos, proyectos, «núcleos de dramas». Y entre los que alcanzó a escribir, recordemos:

Abdala, poema dramático en verso (La Habana, enero de 1869);

Adúltera (Madrid, 1872-1874), drama moralizador en prosa, del que, con saber que era echagarayesco, no hace falta agregar que era hinchado; y

Amor con amor se paga (México, 1875), dramita en un acto y en verso y, sobre todo, de éxito.

La narración imaginativa.

Fuera del cuento infantil, no le interesaba el género novelesco.

Escribió, en nombre de una amiga, una novela: *Amistad funesta;* y adaptó de otros idiomas varios cuentos para niños.

El traductor.

Fuera de algunas versiones y adaptaciones insertas en *La Edad de Oro* (1889) y de otras muchas probables, mencionemos las siguientes:

Mis hijos, por Víctor Hugo (*Revista Universal,* México, 1875);

Antigüedades griegas y *Antigüedades romanas,* por J. M. Mahafy, Appleton, Nueva York, 1883;

Misterio, por M. H. Conway, Appleton, Nueva York, 1886;

Nociones de lógica, por W. S. Jevons, Appleton, Nueva York, 1886;

Ramona, por Helen Hunt Jackson, Nueva York, 1888.

John Halifax, caballero, por Dinah María Craig (¿1888?);

Lalla Rookh, por Thomas Moore;

La rima, soneto, por Augusto de Armas (*Ahora,* La Habana, 17 de octubre de 1934);

El tejedor, por Enrique Heine (*Ahora,* La Habana, 27 de enero de 1935).

El poeta.

Martí es, atendida la cantidad, un escritor en prosa.

Y atendida la calidad, su obra de orador, ensayista, comentarista de la actualidad y epistológrafo también es superior a su obra en verso.

Y es que, como dice Hernández-Catá, «Martí vivió poéticamente su prosa y la escribió tan fúlgida y vibrante, que es casi toda cántico y, en ocasiones, hasta casi verso» (pág. 217).

Por eso, sin distinguir entre poeta en prosa y poeta en verso, se puede afirmar que Martí es fundamentalmente poeta.

Y por lo que toca al verso, puso en él sus mayores entusiasmos; y tanto apreciaba «el sagrado ejercicio» que, siendo por la cantidad, y con frecuencia también por la calidad, un escritor en prosa, no publicó en prosa una sola obra orgánica, representativa, y en cambio cuidó personalmente la edición de dos obras poéticas, y dejó ordenada, lista para la impresión, otra.

Para él los poetas eran «estos jóvenes eternos», «estos sentidores exaltables, reveladores y veedores, hijos de la paz y padres de ella», «estos creyentes fogosos, hambrientos de ternura, devoradores de amor, mal hechos a los pies y a los terruños, henchidos de recuerdos de nubes y de alas, buscadores de sus alas rotas, pobres poetas». (Prólogo al *Poema del Niágara*, de J. A. Pérez Bonalde.)

«El poeta, maestro de gracia y naturalista, de intimidad honda, de encantadoras puerilidades, de exquisitos hallazgos expresivos.»

Fuera de los dos volúmenes que publicó en vida (*Ismaelillo*, 1882, y *Versos sencillos*, 1891) y del que dejó listo para la imprenta *(Versos libres)*, escribió otros versos, entre los cuales los insertos en *La Edad de Oro* (1889). Pero aquí me referiré especialmente a los tres volúmenes ya nombrados.

De los tres, el que, a pesar de haberlo ordenado su autor personalmente, apareció póstumo (*Versos libres*, 1913), fue escrito primero: entre 1878 y 1882, y corresponde a la época más perturbada de su vida.

En el prólogo se lee:

«Éstos son mis versos. Son como son. A nadie los pedí prestados... Ninguno me ha salido recalentado, artificioso, de la mente; sino como las lágrimas salen de los ojos y la sangre sale a borbotones de la herida.»

Hay en ellos un ímpetu, un fuego, un resplandor hebraico-español, agudizado por el incendio del trópico y por circunstancias de la vida del poeta.

Ángel Augier ha hecho notar la audacia renovadora de algunos de estos *endecasílabos hirsutos:*

> En la mano fatal la flor del sueño...
> Aves de plata, estrellas voladoras...
> El cielo, el cielo, con sus ojos de oro...
> Una tranquila claridad de boda...

¿Y aquella imagen?

en las nubes
los astros locos arrojaban llamas.

Unamuno calificaba el verso martiano de esta colección como «el más libre, el más suelto, el más variado y proteico que hay en nuestra lengua».

Y Jorge Mañach escribió:

«Cuando aún prevalecía en España y en sus colonias literarias el fetichismo de la preceptiva neoclásica, Martí rompía metros y ritmos para hacer de su verso como "crin hirsuta". Cuando aún no prosperaban sino los residuos del patetismo romántico, o la fría plástica de las Academias, él desencadenaba las voces más profundas y convocaba al lenguaje sus concreciones más enérgicas... La poesía no era para él forma ni actitud, sino cosas y vida» (pág. 160).

El primer libro que Martí publicó fue *Ismaelillo* (1882), escrito entre 1881 y 1882. Es el homenaje poético al hijo.

«El ataque directo y la pasmosa simplicidad —dice Alfonso Reyes— comunican a las emociones paternales una gracia deliciosa.»

Moldes: la seguidilla, el romance y otros tan simples como ésos.

En cuanto a sus *Versos sencillos,* aparecen en 1891, dedicados a sus amigos Manuel Mercado, mexicano, y Enrique Estrázulas, uruguayo.

Los había escrito en 1890, en las montañas de Catskill, en un descanso impuesto por los médicos, y corresponden a una época en que ya había vencido: escribe en varios periódicos del continente, es cónsul de tres países, está por acabar de organizar el Partido Revolucionario Cubano. Pero bajo esa apariencia triunfal, hay una herida que duele: la vida conyugal irremediablemente rota.

En el prólogo escribe:

«¿Por qué se publica esta sencillez escrita como jugando, y no mis encrespados *Versos libres,* mis endecasílabos hirsutos...? Se imprimen estos versos porque el afecto con que los acogieron, en una noche de poesía y amistad, algunas almas buenas, los ha hecho ya públicos. Y porque amo la sencillez, y creo en la necesidad de poner el sentimiento en las formas llanas y sinceras.»

Moldes: la redondilla, el romance, la cuarteta (en alguna ocasión, cuarteta monorrima, intencionalmente primitiva).

Pero «la sencillez de Martí —dice Gabriela Mistral— no es nunca primarismo, es decir, facilidad de primer plano y ahorro de hondura... Esta sencillez nada tiene de simple».

«La sencillez de Martí es de las cosas más difíciles», concluye Darío.

Y Andrés Iduarte:

«Son los versos clásicos comunes, pero no comunes en su tiempo, ni como todos: restaurados y remozados. Es la vuelta a lo clásico, pero con sentido moderno» (pág. 111).

De las composiciones de *Versos sencillos,* la que ha logrado una difusión mayor es, sin duda, *La niña de Guatemala,* expresión de un recuerdo doloroso en que José María Chacón y Calvo ve «fragmentos de viejo romance o canción antigua, conservados por la tradición popular».

Para Hernán Díaz Arrieta *(Alone)* «es una balada..., de una belleza límpida, de un diseño gracioso, alado, suave».

Y para Gabriela Mistral:

«A pesar de cuanto realizó el modernismo en poesía sensual auditiva y visual..., el poema más donoso, el de ritmo más cimbreante que se haya escrito en la América latina.»

IV.—EL INTELECTUAL Y EL ARTISTA

Formación.

> Yo vengo de todas partes
> y hacia todas partes voy.

«Educado un poco a la diabla», Martí es fundamentalmente un autodidacto.

Y no fue un ignorante: alcanzó amplia cultura general.

«Quien estudie atentamente su obra, se sorprenderá de la variedad y vastedad de sus lecturas, bien aprovechadas, gracias a su fina sensibilidad y claramente organizadas por un talento de excepción» (Iduarte, pág. 60).

La base es naturalmente española, lo que desde luego explica su estoicismo en el matiz senequista, su dramatismo, su gusto por la frase sentenciosa y barroca.

Había estudiado la literatura española a fondo y leído sus clásicos, especialmente a Cervantes, Santa Teresa, Calderón, Quevedo, los dos Luises, Saavedra Fajardo, Gracián; y entre los más modernos, apreciaba el lenguaje de Pereda, el arte de Tamayo, y conocía a Alarcón, Varela, Pérez Galdós, doña Emilia y Palacio Valdés; sabía gustar la densidad de Bécquer; y por lo sentencioso sobrestimó a Campoamor.

De las literaturas extranjeras, frecuentó la Biblia en traducciones; parece que leyó el griego, el latín y el alemán y conocía bastante bien a varios de sus escritores representativos; hablaba y leía el portugués y el francés (el Lammennais de *Paroles d'un croyant,* Hugo, Sully Prudhomme, Baudelaire, Mendés, Coppée, Banville, Flaubert, los Goncourt, A. Daudet, Zola...); y de su dominio del inglés en hombre que vivió largos años en Nueva York, baste decir que admiraba a Shakespeare, Emerson y Whitman y, sobre todo, que supo darse cuenta de las limitaciones de Wilde.

Desde el punto de vista ideológico, fuera de la base cristiana y tradicional, conviene sumar, en los años iniciales, el influjo de su maestro Mendive, el de Luz y Caballero, y más tarde, el de Sanz del Río y demás krausistas españoles; el trascendentalismo de Emerson y el pragmatismo inglés y norteamericano.

Por lo demás, en este terreno, y como escribe Mañach, «sufrir una influencia ¿no es, al cabo, elegirla?» Y, sobre todo, siempre está, por encima de «la raíz, el ala».

En resumen —y como dice Iduarte (pág. 59)—:

«La cultura de Martí era... sobre todo literaria y medularmente española, con buena base clásica y con sucesivos y ricos aportes de lo francés, lo norteamericano e inglés y, probablemente, de lo alemán, amén de otros contactos circunstanciales con las principales lenguas y literaturas modernas.»

Hacia un americanismo literario.

En 1878 escribía a José Joaquín Palma:

«Dormir sobre Musset; apegarse a las alas de Víctor Hugo; herirse con el cilicio de Gustavo Bécquer; arrojarse en las simas de Manfredo; abrazarse a las ninfas del Danubio; ser propio y querer ser ajeno; desdeñar el sol patrio, y calentarse al viejo sol de Europa; trocar las palmas por los fresnos, los lirios del Cautillo por la amapola pálida del Darro, vale tanto, ¡oh amigo mío!, tanto como apostatar.»

Años más tarde (1893) insistía:

«Una literatura altivamente americana, de observación fiel y directa, cuya beldad y nervio vienen de la honradez con que la expresión sobria contiene la idea nativa y lúcida. Del peso de la idea se quiebran las frases, antes quebradas al peso de flores traperas y llanto de cristalería.»

Se burlaba de los que salen «con antiparras yanquis o francesas».

No usó clichés ni recetas.

Proclamó la independencia literaria así como luchó por la independencia política.

Y, en términos de Jorge Mañach, ha llegado a ser «el primer acento genuinamente personal que se da en la prosa cubana».

Señorío de la palabra.

Le preocupaba el arte de decir: ¿no habla por ahí de «escribir con la clara limpieza y elegancia sabrosa y giros gallardos del idioma castellano?».

Y ciertas advertencias de 1893 a Gonzalo de Quesada y Aróstegui nos revelan que no olvidaba ni la gramática ni la puntuación: «Que no quede una frase sin sentido gramatical. Las comas lo ayudan, cultive las comas.»

Había leído a Sanz del Río y demás krausistas españoles y, sin embargo, no se había contagiado de su lenguaje laberíntico.

Hombre amarrado a muchos quehaceres, escribía sin norma fija, de cualquier modo, de prisa, en cualquier parte, sobre las rodillas.

Y su dominio del idioma y señorío del estilo permitían que, aun en clima tan poco propicio, fueran brotando bajo su pluma o su lápiz esos párrafos apretados, densos, nerviosos, precisos; esas frases relampagueantes, sentenciosas como aforismos; esas metáforas delicadas o audaces que se precipitan unas sobre otras y, sin embargo, no producen el efecto de confundir sino de iluminar de un modo veloz y constante; esas cláusulas de ritmos variados; esas palabras cargadas de sugestión; esa prosa de poeta que musita o que clama, y que eleva de categoría los temas más vulgares; esa prosa de gran escritor.

La retórica eterna.

Con frecuencia hablaba en imágenes.

«Los cometas en el cielo, que van por el aire dormido engullendo mundos.»

«Si entre los cubanos vivos no hay tropa bastante para el honor, ¿qué hacen en la playa los caracoles, que no llaman a la guerra a los indios muertos? ¿Qué hacen las palmas, que gimen estériles, en vez de mandar? ¿Qué hacen los montes, que no se juntan falda contra falda, y cierran el paso a los que persiguen a los héroes?»

Como se ve, las figuras patéticas acuden con espontaneidad a sus labios o a su pluma: la prosopopeya, la interrogación, la exclamación, el apóstrofe, la hipérbole.

La metáfora a veces se le prolonga en brillante alegoría.

Respecto a las descripciones, hay que relacionarlas tal vez con su frecuentación de los pintores.

Otros recursos suyos frecuentes: el símil, la antítesis.

Es interesante hacer notar que no le fueron familiares ni la ironía ni la perífrasis: no correspondían a su espíritu bondadoso y franco.

A pesar de su práctica oratoria, cuando recurre a la amplificación, lo hace con preferencia en oraciones yuxtapuestas o coordinadas, más que subordinadas, y con frecuencia emplea oraciones cortas, sentenciosas.

Aclaramiento.

En Guatemala lo llamaron doctor Torrente. Y allí y en otras partes pudieron anotársele la cargazón excesiva de sus párrafos, el amontonamiento de ideas que a veces llegan a estorbarse, lo tupido de algunas oraciones.

Y es que «el trópico —dice Luis Franco— está en Martí con su naturaleza intrincada, afiebrada y convulsiva y su fecundidad monstruosa, entre el susurro de alma encantada de la palma real y el silbido celeste del sinsonte».

Pero esta exuberancia tropical no es lo mismo que el estilo de períodos interminables tan frecuentes en los escritores de habla española en su época.

Las suyas son con más frecuencia —se acaba de decir— simples series de oraciones yuxtapuestas, o coordinadas por *y* o por *o*.

Y, además, a medida que se acerca a la muerte, que presiente la muerte («para mí, ya es hora»), se simplifica, se adelgaza, se aclara y serena, y escribe sus mejores páginas.

Porque —como él mismo sugería— «el arte de escribir ¿no es reducir?...

»Hay tanto que decir, que ha de decirse en el menor número de palabras posible; eso sí, que cada palabra lleve ala y color».

José Martí y el modernismo.

Ya en el prólogo de la adaptación huguiana de *Mis hijos* (1875), declaraba Martí:

«En las estrecheces de una escuela yo no vivo. Ser es más que existir... No hay romanticismo ni clasicismo.»

Romántico por temperamento, porque, como diría más tarde Darío, «¿quién que es no es romántico?», rompió desde muy temprano las barreras románticas y clasicistas y auspició un verso que al mismo tiempo fuera nervio, luz y matiz, un verso vibrante, ágil y natural:

«Amo las sonoridades difíciles, el verso escultórico, vibrante como la porcelana, volador como un ave, ardiente y arrollador como una lengua de lava... Amo las sonoridades difíciles y la sinceridad, aunque pueda parecer brutal.»

«Contra el verso retórico y ornado, el verso natural.»

«Yo no corregiría nunca lo que escribiera para ti.»

Un verso espontáneo y hasta desaliñado.

Porque su poesía es emanación de vida. O, como dice Manuel Pedro González, «en él, el verso brota espontáneo de grandes dolores y angustias o de una dulce placidez cordial, pero siempre enraizado en su vibrante emotividad».

Amigo de Manuel Gutiérrez Nájera desde 1875, en 1893 intiman; y Martí hace en esa ocasión algo que no acostumbra hacer: sigue las huellas de Gutiérrez Nájera y el modernismo en los versos a la hija: Cecilia Gutiérrez Nájera y Maillefert.

Ese homenaje humano a la hija y amistoso y literario al padre, no es obstáculo suficiente para afirmar que Martí no siguió recetas, como tampoco las preparó para los demás.

Por eso, aunque desde cierto punto de vista precursor del modernismo, el modernismo como escuela lo subestimó o lo vio como a militante de otras filas.

Pero ya se sabe: sobreviven, perduran las individualidades; las escuelas envejecen.

¿Qué queda hoy, por ejemplo, de las exóticas japonerías, qué de las princesas liliales, qué del helenismo versallesco, qué del decadentismo finesecular?

Y otra pregunta: ¿en qué sentido podría defenderse la tesis de Martí precursor del modernismo?

La pregunta tal vez está mal formulada: en vez de *modernismo* habría que escribir *renovación literaria*. Y entonces sí que habría que insistir en ciertas conquistas, o, por lo menos, prédicas de Martí: defensa y práctica de la libertad formal, el toque leve, el olvido de lo inmediatamente anterior, aunque a veces ese olvido no sea más que regreso a lo clásico.

Premodernista, o nada de eso, y aunque por demasiado sencillo no lo reconociera el modernismo de escuela, su influjo entre algunos modernistas parece innegable.

En 1893 Darío va a Buenos Aires por la caprichosa ruta Nicaragua-Nueva York-París. Veinte años después recordará en su autobiografía:

«De pronto, en un cuarto lleno de luz, me encontré entre los brazos de un hombre pequeño de cuerpo, rostro iluminado, voz dulce y dominadora al mismo tiempo y que me decía esta única palabra: ¡Hijo!»

¿Cómo justificamos este *hijo*, que Darío recoge tan ufano?

Desde luego, el *Whitman* de Martí (1887) provocaría el medallón respectivo en *Azul* (1888); *Los zapaticos de rosa* y determinados pasajes de *La Exposición de París* (piezas ambas de *La Edad de Oro*, 1889) influirían en *A Margarita Debayle* (1908). De Martí también derivan, parece, determinadas ideas de la oda *A Roosevelt*, de la *Salutación al Águila* y de la *Epístola a la señora de Lugones*, ideas intensificadas en Darío por su permanencia en España.

De las de Martí, finalmente, arrancarían la crónica vivaz, a la francesa, de Darío, y acaso hasta las de los frívolos y finos Enrique Gómez Carrillo y Ventura García Calderón; los exabruptos de Unamuno; los recados de Gabriela Mistral, «una de las almas más afines con la de Martí que han brotado en América», dice Manuel Pedro González.

El mismo Manuel Pedro González escribe:

«La frondosa imaginería, el metaforismo desenfrenado que en América se elevaron por los años del veinte al cuarenta a la categoría de culto y fin en sí mismo, fueron poco propicios a la recta evaluación de la poesía martiana, de signo diametralmente opuesto. En tanto en Martí la palabra y la metáfora no son más que vehículos de la idea y de la emoción..., en las nuevas modalidades se invirtió el orden de los valores.»

Pero la furia vanguardista también ha sido, al fin, superada. Cerremos estas notas con dos testimonios esclarecedores y de peso:

El de Federico de Onís (1934):

«La sencillez y libertad a que aspiró su poesía consistió en dar lo más puro, elevado y complejo de sí mismo, en supremo esfuerzo de originalidad... Su originalidad innovadora tampoco basta para encasillarle entre los precursores del modernismo. El espíritu de Martí no es de época ni de escuela: su temperamento es romántico...; pero su arte arraiga de modo muy suyo en lo mejor del espíritu español, lo clásico y lo popular...; su modernidad apuntaba más lejos que la de los modernistas, y hoy es más válida y patente que entonces.»

Y el de Andrés Iduarte:

«En Martí había todo lo bueno del modernismo, sin su pega; había todo lo bueno de lo español, sin el rendimiento a lo más barato, lo vistoso; había lo elemental, lo indio y lo español, que está también en lo mejor de Darío. Y precisamente en esa parte mejor de Darío había mucho de Martí» (página 306).

«Como estuvo y está en el corazón de lo mejor del modernismo sin escuelas que pudo conocerlo —Darío, Unamuno, Juan Ramón, Gabriela Mistral—, lo está en la de toda verdadera poesía, sobrepasando modas y derrotando cenáculos» (página 310).

V.—AL CABO DE LOS AÑOS

Todo por Cuba.

Con un trozo de los grillos que llevó como penado en las canteras, se hizo Martí un anillo que ya no se quitó.

En adelante su vida tendría un objeto absorbente: la libertad de Cuba.

Por Cuba renuncia familia, carrera profesional, fortuna, amor. Y Cuba ya estará para él siempre en un trasfondo inevitable, sobre todo por la nostalgia: la isla se le idealiza por la lejanía.

Tendrá que ganarse la vida anónimamente, a brazo partido y en un medio hostil, entre cadenas de obstáculos de todo orden.

Y pone en su tarea una constancia ejemplar, muy en consonancia con quien ha dicho:

«Perder una batalla no es más que la obligación de ganar otra.»

«El deber debe cumplirse sencilla y naturalmente.»

Y a este propósito, fue héroe no tanto por haber muerto en una acción de guerra suscitada por él mismo, sino más bien por haber luchado muchos años por un ideal y haber sabido sufrir por él.

Su madre suele escribirle cartas débiles de ortografía y fuertes en muchas cosas de más peso: «Quisiera pensaras menos en los demás, para pensar más en los tuyos, que bien lo necesitan»; o

«El que se mete a redentor sale crucificado.»

Pero él contesta:

«Usted se duele, en cólera de su amor, del sacrificio de mi vida... ¿Y por qué nací de usted con vida que ama el sacrificio?»

Y sigue en su prédica politicosocial, de conductor de hombres.

Sin Gómez no hubiera habido guerra, por lo menos entonces; pero sin Martí no habría habido ni el clima propicio a la guerra.

Y Martí pospuso no sólo familia y posición: sacrificó su carrera literaria: su literatura fue una literatura comprometida, de utilidad social, ante todo.

Pero... ya se sabe: todo sacrificio merece recompensa, aun en esta vida.

Desde luego, la lucha le vigorizó y agudizó más el entendimiento, le robusteció el carácter y preservó de grasa inútil a sus músculos.

Y si a Martí le hubiera tocado vivir en una Cuba independiente, o si su vida no se hubiera encauzado como se encauzó, su obra literaria tal vez habría ganado en organicidad, pero habría corrido el riesgo de diluirse en exquisiteces, y acaso no habría tenido esa consistencia, esa densidad eléctrica derivada de las urgencias de la acción y que la colocan sobre las modas.

La acción, pues, dio a su estilo un tinte especial —lo humano sobre lo humanístico, lo vital sobre lo literario— que lo sacó del retoricismo pequeño y lo afinó y lo elevó.

Y así, este hombre que puso en su vida su partícula de genio, ha llegado a ser la mayor personalidad histórica de su patria y al mismo tiempo su mayor escritor.

Y, otra suerte: «murió a tiempo —ha dicho José de Armas— para no haber visto de su obra sino el aspecto más bello»; murió al comienzo heroico de la guerra, antes de la ayuda opor-

tunista del yanqui, y no alcanzó a la prueba de fuego del que
ya es Gobierno.

Si hubiera vivido más, acaso hubiera muerto del descontento
que iban a padecer Varona, Byrne...

Su fama de escritor.

Martos había dicho de Martí:

«Es el hombre de más talento que he conocido.»

Pero en general, lo que sus contemporáneos admiraron en
Martí —y conocieron— fue casi exclusivamente el orador.

Sobreviene la muerte, y comienza a levantarse una montaña
de papel ditirámbico, exaltación, divinización del caudillo heroico tanto como postergación del escritor.

Pero primero Rubén Darío, Miguel de Unamuno, los Henríquez Ureña, y luego Gabriela Mistral, Federico de Onís, Alfonso Reyes, Juan Ramón Jiménez, Roberto F. Giusti, Andrés
Iduarte y otros, sin contar a la gente de Cuba, nos han enseñado a admirar al escritor sin olvidar la veneración del hombre.

Y la personalidad de Martí se precisa y crece con el tiempo.

De tal modo que elogios como los que copio a continuación
nos parecen sencillamente justicieros:

«La lupa del crítico podrá descubrir en la trama algunos
estambres hilados antes por otros: allí un encadenamiento de
frases de procedencia bíblica, aquí un relampagueo de imágenes victorhuguiano; y difusa, la casticidad de los escritores del
Siglo de Oro, desde la difícil sencillez de Santa Teresa a los
primores barrocos; pero la lujosa tela, prieta y flexible, centelleante e irisada, que se despliega armoniosamente, es obra de
arte personalísimo. No es lo menos admirable en él la variedad
de tonos y ritmos, siempre acordes con el asunto y el pensamiento. Su discurso tiene el paso suelto y desembarazado, libre
de ataduras formales. Por momentos marcha majestuoso y solemne, como sableando. Es épico, pindárico, elegiaco, sentencioso. No desdeña el arcaísmo ni teme al neologismo. Ahora se
dilata en anchas olas castelarianas, ahora crepita en la conci-
sión nerviosa de Saavedra Fajardo; pero sin dejar nunca de ser
él mismo. Recorre toda la gama de la expresión. Hablando de
su prosa, se nos imponen los símiles musicales, como se le im-
pusieron a Darío cuando lo *cantó,* a su muerte, con acentos que
parecen arrebatados al mismo Martí, cuya influencia sufrió sin
duda el nicaragüense, así como ha dejado rastros en el estilo
cordial, tan suyo, de Gabriela Mistral» (R. F. Giusti).

«Primitivo, elemental, conciso aun en los momentos en que
parece un torrente, claro hasta luz del relámpago y a la vez
con túneles de dramática oscuridad, confidencial sin chabaca-
ría, familiar en medio de la elocuencia, con un tono guerrero

para hablar de Bolívar y otro filial para referirse a Hidalgo, traductor de la calma de las viejas ciudades conventuales como del tráfago neoyorquino, culterano doblado en juglar, amplio sin viento, rico sin relleno, aristocrático sin rebusco» (Andrés Iduarte, pág. 93).

«José Martí enseñó a palpitar a la prosa americana. La adiestró en la amplitud de su respiración; mostróle su libertad posible y la grandeza de su originalidad. Nunca, antes de él, nuestra prosa centelleó como en sus manos; nunca se irguió con tan segura agilidad, cruzando airosa de la quietud a la tempestad, del arrobo a la imprecación; nunca fue más intachablemente precisa y más suelta y fácil, como de quien usaba la pluma por espada en su batallar por la redención de América» (José Luis Martínez).

Es «el primer *creador* de prosa que ha tenido el mundo hispánico» (Guillermo Díaz Plaja, *Modernismo frente a noventa y ocho*, Espasa-Calpe, Madrid, 1951, pág. 305).

VI.—FUENTES CONSULTABLES

De entre la selva de papel sobre Martí, mencionaré algunos de los títulos que más me han servido.

Archivo Martí.—Al cuidado de Félix Lizaso, La Habana, desde 1940 adelante. Van publicados vols. I a XVII. Lo cito ArchM.

Cuadernos americanos.—México, mayo-junio de 1945. Corona a José Martí en que colaboraron José Gaos, Benjamín Jarnés, Juan Larrea, Félix Lizaso, Jorge Mañach, Juan Marinello, José Luis Martínez, Francisco Monterde, José de J. Núñez y Domínguez, Fernando Ortiz, José Antonio Portuondo, Alfonso Reyes, Manuel J. Sierra y Agustín Yáñez. Reprod. en *ArchM*, VIII, págs. 11-123.

Armas y Cárdenas, José de: *Martí*, en *Diario de la Marina*, 28 de octubre de 1908. Reprod. en *Ensayos críticos de literatura inglesa y española*, Madrid, 1910, págs 207-214, y *ArchM*, VII, págs. 261-268.

Boti, Regino E.: *Martí en Darío*, en *Cuba Contemporánea*, La Habana, 1925, XXXVII, págs. 112-124. Reprod. en *ArchM*, VII, págs. 378-388.

— *De re martiana*, en *Revista Cubana*, 1938, XI, págs. 175-186.

Caillet-Bois. Julio: *José Martí*, en *ArchM*, X, págs. 314-422.

Chacón y Calvo, José María: *La literatura de José Martí*, en *Romance*, México, 1940, I, núm. 11. Reprod. en *ArchM*, I, páginas 28-31, con el título de *Una figura continental*.

Daireaux, Max: *José Martí*, en *ArchM*, IV, págs. 123-140.

Darío, Rubén: *José Martí*, en *Los Raros*. Reprod. en *ArchM*, VII, págs. 323-330.

— *José Martí, poeta*, en *La Nación*, Buenos Aires, mayo y junio de 1913. Reprod. en *ArchM*, VII, págs. 331-356.

Díaz Arrieta, Hernán *(Alone): Gabriela Mistral y José Martí*, en *El Mercurio*, Santiago, 11 de junio de 1939. Reprod. en *Índice*, La Habana, núm. 3, marzo de 1940, págs. 11-13.

Echagüe, Juan Pablo: *José Martí, personalidad de América*, en *ArchM*, XV, págs. 19-28, y *Estampas históricas y valoraciones críticas*, Buenos Aires, Kraft, 1950, págs. 206-223.

Esténger, Rafael: *Vida de Martí*, Santiago, Ercilla, 1936.

Florit, Eugenio: *Notas sobre la poesía de Martí*, en *ArchM*, 1941, VI, págs. 15-27; y *Revista Iberoamericana*, núm. 8, febrero de 1942, págs. 253-266.

Franco, Luis: *Martí, escritor*, en *La Prensa*, Buenos Aires, 31 de diciembre de 1950. Reprod. en *ArchM*, XVII, págs. 325-330.

Giusti, Roberto F.: *José Martí*, en *La Prensa*, Buenos Aires, 13 de mayo de 1945. Reprod. en *ArchM*, VIII, págs. 23-28.

González, Manuel Pedro: *La revaloración de Martí*, en *Universidad de La Habana*, 1935, IV, págs. 5-22, y *Estudios sobre Literaturas Hispanoamericanas*, México, 1951, págs. 133-150.

— *José Martí, epistológrafo*, en *Revista Iberoamericana*, número 25, octubre de 1947. Reprod. en *ArchM*, XIV, páginas 465-476.

— *Fuentes para el estudio de José Martí*, La Habana, Dirección de Cultura, 1950.

Henríquez Ureña, Max: *José Martí*, en *Cuba Contemporánea*, 1913, II, págs. 5-10.

— *Introducción* a *Páginas escogidas*, de Martí, París, Garnier, 1919, págs. VII-XXI.

Henríquez Ureña, Pedro: *Martí escritor*, en *La Discusión*, La Habana, 25 de octubre de 1905. Reprod. en *ArchM*, VII, páginas 358-360.

— *Martí*, en *Sur*, núm. 2, Buenos Aires, 1931, págs. 220-223. Reproducido en *Repertorio Americano*, 18 de julio de 1931.

— *Introducción* a *Nuestra América*, de Martí, Buenos Aires, Losada, 1939, págs. 7-9.

Hernández-Catá, Alfonso: *Mitología de Martí*, Madrid, 1929.

Iduarte, Andrés: *Martí, escritor*, México, 1945; segunda edición, La Habana, Dirección de Cultura, 1951.

Jiménez, Juan Ramón: *José Martí*, en *Repertorio Americano*, 16 de abril de 1940. *ArchM*, I, págs. 9-12; y *Españoles de tres mundos*, Buenos Aires, Losada, 1942, págs. 32-36.

Lazo, Raimundo: *Martí y la política*, en *ArchM*, XV, páginas 29-43.

Lida, Raimundo: *José Martí*, en *Páginas selectas*, de Martí, Buenos Aires, Estrada, 1939, págs. VII-XV. Reprod. en *ArchM*, I, págs. 44-49.

Lizaso, Félix: *Martí, místico del deber*, Buenos Aires, Losada, 1940.

— *Martí y su círculo familiar*, prólogo a *Antología familiar*, de Martí, La Habana, 1941, págs. 5-40.

— *Busca y hallazgo del hombre en Martí*, en *Anales de la Academia Nacional de Artes y Letras*, años XXXI y XXXII, La Habana, págs. 60-75.

Magdaleno, Mauricio: Prólogo a *Martí*, México, Secretaría de Educación Pública, 1942, págs. VII-XXXIX.

Mañach, Jorge: *Martí el apóstol*, Madrid, 1933, Espasa-Calpe, segunda edición en Colección Austral, 1942.

— *El estilo en Cuba y su sentido histórico*, en *Anales de la Academia Nacional de Artes y Letras*, La Habana, 1944, XXV, págs. 24-89.

— *José Martí*, en *Anales de la Academia Nacional de Artes y Letras*, La Habana, 1949, págs. 109-129.

Marinello, Juan: *El poeta José Martí*, en *Poesías*, de Martí, La Habana, 1929, págs. XV a XLVIII.

— *Gabriela Mistral y José Martí*, en *Repertorio Americano*, 30 de enero de 1932; *Revista Bimestre Cubana*, 1932, páginas 232-238, y *Literatura Hispanoamericana*, México, 1937, páginas 23-32.

— *Martí, artista*, en *Literatura Hispanoamericana*, México, 1937, páginas 11-22.

— *La españolidad literaria de José Martí*, en *ArchM*, IV, páginas 42-66.

Méndez, Manuel Isidro: *José Martí*, París, 1925.

— *Martí*, La Habana, 1941.

Mesa Rodríguez, Manuel I.: *Letra y espíritu de Martí a través de su epistolario*, La Habana, 1950.

Meza Fuentes, Roberto: *De Díaz Mirón a Rubén Darío*, Santiago, Nascimento, 1940, págs. 55-68.

Mistral, Gabriela: *El trópico y José Martí*, en *El Mercurio*, Santiago, 24 de julio de 1932; y *Hoy*, Santiago, 4 de marzo de 1937.

— *La lengua de Martí*, La Habana, 1934. Reprod. en *ArchM*, XVI, págs. 139-152.

— *Los versos sencillos de Martí*, en *Revista Bimestre Cubana*, marzo-junio de 1938, págs. 161-175; y prólogo a *Versos sencillos de Martí*, La Habana, 1939, págs. 3-34. Reprod. en *ArchM*, XVI, págs. 153-163.

Nieto Caballero, Luis Eduardo: *La vida iluminada de Martí*, en *Revista de las Indias*, Bogotá, núm. 47, noviembre de 1942, páginas 289-336.

Nucete-Sardi, José: *Cecilio Acosta y José Martí, binomio de espíritus*, en *Anales de la Academia de Historia de Cuba*, enero-diciembre de 1948, págs. 7-22. Reprod. en *ArchM*, XV, páginas 100-111.

Onís, Federico de: *Antología de la poesía española e hispano-americana,* Madrid, 1934, págs. 34-37.

Piedra-Bueno, Andrés de: *Martí,* La Habana, 1939.

Remos y Rubio, Juan J.: *Historia de la literatura cubana,* t. III, La Habana, 1945, págs. 5-71.

Rodríguez Émbil, Luis: *José Martí, el santo de América,* La Habana, 1941.

Ronald: *Las mujeres en el camino de Martí,* en *Revista Nacional,* Montevideo, núm. 111, marzo de 1948. Reprod. en *ArchM,* XVIII, págs. 384-392.

Santovenia, Emeterio: *Genio y acción: Sarmiento y Martí,* La Habana, 1938.

Schultz de Mantovani, Fryda: *Dimensión íntima de Martí,* en *Revista Cubana,* La Habana, julio-diciembre de 1950, páginas 5-22; y *Fábula del niño en el hombre,* Buenos Aires, Sudamericana, 1951, págs. 169-195.

Soto Hall, Máximo: *La niña de Guatemala,* Guatemala, 1942.

Unamuno, Miguel de: *Sobre los «Versos libres» de Martí,* en *Heraldo de Cuba,* La Habana, 18 de febrero de 1914. Reprod. en *ArchM,* XI, págs. 7-9.

— *Notas estéticas, Cartas de poeta,* en *Nuevo Mundo,* Madrid, 10 de octubre de 1919. Reprod. en *ArchM,* págs. 16-18.

— *Sobre el estilo de Martí,* en *Germinal,* Cárdenas (Cuba), 1921, núm. 2, págs. 2-4. Reprod. en *ArchM,* XI, págs. 11-14.

Valle, Rafael Heliodoro: *Versos desconocidos de José Martí,* en *La Prensa,* Buenos Aires, 31 de julio de 1949. Reproducido en *Repertorio Americano,* 10 de diciembre de 1949, y *ArchM,* XIV, págs. 444-448.

Weber, Frida: *Martí en «La Nación» de Buenos Aires,* en *Revista Cubana,* La Habana, vol. X, núms. 28-30, págs. 71-105.

Z. de Baralt, Blanche: *Martí íntimo,* en *ArchM,* VII, páginas 389-399.

Santiago de Chile, invierno de 1952.

MANUEL ACUÑA

¡Lo hubiera querido yo tanto, si hubiese él vivido! Yo le habría explicado qué diferencia hay entre las miserias imbéciles y las tristezas grandiosas; entre el desafío y el acobardamiento; entre la energía celeste y la decrepitud juvenil. Alzar la frente es mucho más hermoso que bajarla; golpear la vida es más hermoso que abatirse y tenderse en tierra por sus golpes.

Hieren al vivo en el pecho, y recompone sonriendo sus jirones; hieren al vivo en la frente, y restaña sonriendo las heridas. Los que se han hecho para asombrar al mundo, no deben equivocarse para juzgarlo; los grandes tienen el deber de adivinar la grandeza; ¡paz y perdón a aquel grande que faltó tan temprano a su deber!

Porque el peso se ha hecho para algo: para llevarlo, porque el sacrificio se ha hecho para merecerlo; porque el derecho de verter luz no se adquiere sino consumiéndose en el fuego. Sufre el leño su muerte, e ilumina; y ¿más cobarde que un leño será un hombre? A él le queda por ceniza la ceniza: a nosotros el renombre, la justicia, la Historia, la patria, el placer mismo de sufrir: ¿qué mejor sepulcro y qué mayor gloria? Cerrada está a las plantas la superficie de la tierra: abrirla es violarla: nadie tiene el derecho de morir mientras que para seguir la vida que le dieron le quede un pensamiento, un espanto, una esperanza, una gota de sangre, un nervio en pie. Para pedestal, no para sepulcro, se hizo la tierra, puesto que está tendida a nuestras plantas.

Yo habría acompañado al grande y sombrío Acuña, a aquella alma ígnea y opaca, cuyo delito fue un desequilibrio entre la concepción y el valor —yo le habría acompañado, en las noches de mayo, cuando hace aroma y aire tibio en las avenidas de la hermosísima Alameda—. De vuelta de largos paseos, tal vez de vuelta del apacible barrio de San Cosme, habríamos juntos visto cómo es por la noche más extenso el cielo, más fácil la generosidad, más olvidable la amargura, menos traidor el hombre, más viva el alma amante, más dulce y llevadera la pobreza.

Habría en mí sentido, apoyado su brazo en mi brazo, cómo hay un amor casi tan bello como el amor, pronto siempre en el hombre a complacencias infantiles y a debilidades de mujer: un suave amor sereno que llaman amistad. Y preparados ya a lo inmenso por ese cielo elocuente mexicano, que parece una azul sucesión sin término de cielos, le habría yo inspirado la manera de acostarse, cielo y hombre, por la tranquilidad, que es una gran osadía, en un mismo lecho.

¿Tan pequeña es el alma que son límites las paredes sin tapiz, la vida sin holguras, equivocados y miserables amoríos y la fatal diferencia entre la esfera social que se merece y aquélla en que se vive, entre la existencia delicada a que se aspira y la brusca y accidental en que se nace?

Yo sé bien qué es la pobreza: la manera de vencerla. Las compensaciones son un elemento en la vida, como lo son las analogías. La aspiración compensa la desesperación; la intuición divina compensa y premia bien el sacrificio.

Le habría yo enseñado cómo renacer tras rudas tormentas, el vigor en el cerebro, la robustez y el placer en el corazón. Las esferas no vienen hacia nosotros, es preciso ir a las esferas. Si la fortuna nos produjo en accidentes desgraciados, la gloria está en vencer, y la generosidad en dar lección a la fortuna. Si nacimos pobres, hagámonos ricos; si nacimos abandonados, apoyemos a los demás; si sentimos el sol en el alma, qué gran crimen echar tierra oscura sobre el sol. Se es responsable de las fuerzas que se nos confían: el talento es un mártir y un apóstol: ¿quién tiene derecho para privar a los hombres de la utilidad del apostolado y del martirio?

Y era un gran poeta aquel Manuel Acuña. Él no tenía la disposición estratégica de Olmedo, la entonación pindárica de Matta, la corrección trabajosa de Bello, el arte griego de Théophile Gautier y de Baudelaire; pero en su alma eran especiales los conceptos; se henchían a medida que crecían; comenzaba siempre a escribir en las alturas. Habrán hecho confusión lamentable en su espíritu los cráneos y las nubes: aspirador poderoso, aspiró al cielo: no tuvo gran valor de buscarlo en la Tierra, aquí que se halla.

Hoy lamento su muerte: no escribo su vida; hoy leo su «Nocturno» a Rosario, página última de su existencia verdadera, y lloro sobre él, y no leo nada. Se rompió aquella alma cuando estalló en aquel quejido de dolor.

Él estaba enfermo de dos tristes cosas: de pensamiento y de vida. Era un temperamento ambicioso e inactivo: deseador y perezoso: grande y débil. Era un alma aristocrática, que se mecía apoyada en una atmósfera vulgar. Él era pulcro, y murió

porque le faltaron a tiempo pulcritudes de espíritu y de cuerpo.
¡Oh! La limpieza del alma: he aquí una fuerza que aún es mejor
compañera que el amor de una mujer. A veces la empaña uno
mismo y, como se tiene una gran necesidad de pureza, se mesa
uno los cabellos de ira por haberla empañado. Tal vez esto también mató a Manuel Acuña: ¡estaba descontento de su obra y
despechado contra sí! No conoció la vida plácida, el amor sereno, la mujer pura, la atmósfera exquisita. Disgustado de cuanto
veía, no vio que se podían tender las miradas más allá. Y asea-
do, y tranquilo, acallando con calma aparente su resolución solemne y criminal, olvidó, en un día como éste, que una cobardía no es un derecho, que la impaciencia debe ser activa, que
el trabajo debe ser laborioso, que la constancia y la energía son
leyes de la aspiración: y grande para desear, grande para expresar deseos, atrevido en sus incorrecciones, extraño y original
hasta en sus perezas, murió de ellas en día aciago, haciéndose
forzada sepultura; equivocando la vía de la muerte, porque por
la tierra no se va al cielo, y abriendo una tumba augusta, a
cuya losa fría envía un beso mi afligido amor fraternal.

[México, *El Federalista*, 6 de diciembre de 1876.]

UN BRINDIS

En el banquete celebrado en honor de Adolfo Márquez Sterling en los altos de «El Louvre», el 26 de abril de 1879, en La Habana.

Para rendir tributo, ninguna voz es débil; para ensalzar a la patria, entre hombres fuertes y leales, son oportunos todos los momentos; para honrar al que nos honra, ningún vino hierve en las copas con más energía que la decisión y el entusiasmo entre los amigos numerosos de Adolfo Márquez Sterling.

A mí, que de memorias vivo; de memorias y esperanzas —por lo que tienen de enérgicas las unas y de soberbias y prácticas las otras—; a mí, que no consentiré jamás que en el goce altivo de un derecho venga a turbármelo el recuerdo amargo del excesivo acatamiento, de la fidelidad humillante, de la promesa hipócrita, que me hubiesen costado conseguirlo; a mí, átomo encendido que tiene la voluntad de no apagarse, de un incendio vivísimo que no se extinguirá jamás sino bajo la influencia cierta, palpable, visible, de copioso, de inagotable, de abundantísimo raudal de libertades: a mí han querido encomendarme los numerosos amigos del bravo periodista, que con esta voz mía, que en el obligado silencio cobra fuerzas para que nada sea bastante luego a ahogarla en mi garganta, dirija al enérgico hombre de combate el amoroso aplauso con que los espectadores de las gradas, que más que las holguras de la vida quieren tener viva la dignidad, viva la libertad, vivo el decoro, ven cómo en la abierta liza, por sobre todas las espadas que se cruzan, novilísima, flamígera, brillante, luce y se agita siempre el arma ruda del más franco, del más afortunado, del más brioso y loado caballero.

No es éste un hombre ahora; cuando en los hombres se encarna un grave pensamiento, un firme intento, una aspiración noble y legítima, los contornos del hombre se desvanecen en los espacios sin confines de la idea. Es un símbolo, un reconocimiento, una garantía. Porque el hombre que clama vale más que el que suplica: el que insiste hace pensar al que otorga. Y los derechos se toman, no se piden; se arrancan, no se mendigan. Hasta los déspotas, si son hidalgos, gustan más del sincero y enérgico lenguaje que de la tímida y vacilante tentativa.

A este símbolo saludamos, a la justicia y al derecho encarnados en su obra, que nos han sido tributados: al tenaz periodista, al observador concienzudo, al cubano enérgico, que en los días de la victoria no la ha empequeñecido con reminiscencias de pasados temores, ni preparaciones de posibles días; que en los días de nuestra incompleta libertad conquistada, de nadie recibida, ha hablado honradamente con la mayor suma de libertad y de energía posibles.

Si tal, y más amplia y completa, hubiera de ser la política cubana; si hubieran de ponerse en los labios todas las aspiraciones definidas y legítimas del país, bien que fuese entre murmullos de los timoratos, bien que fuese con repugnancia de los acomodaticios, bien que fuese entre tempestades de rencores —si ha de ser más que la compensación de intereses mercantiles, la satisfacción de un grupo social amenazado y la redención tardía e incompleta de una raza que ha probado que tiene derecho a redimirse—; si no se ha extinguido sobre la Tierra la raza de los héroes, y a los que fueron suceden los héroes de la palabra y del periódico; si al sentir, al hablar, al reclamar, no nos arrepentimos de nuestra única gloria y la ocultamos como a una pálida vergüenza, por soberbia, por digna, por enérgica, yo brindo por la política cubana.

Pero si, entrando por senda estrecha y tortuosa, no planteamos con todos sus elementos el problema, no llegando, por tanto, a soluciones inmediatas, definidas y concretas; si olvidamos como perdidos o desechos elementos potentes y encendidos; si nos apretamos el corazón para que de él no surja la verdad que se nos escapa de los labios; si hemos de ser, más que voces de la patria, disfraces de nosotros mismos; si con ligeras caricias en la melena, como de domador desconfiado, se pretende aquietar y burlar al noble león ansioso, entonces quiebro mi copa, no brindo por la política cubana.

En tanto que se eleva y fortifica, brindemos, admirados, por el talento que recorta asperezas, fortifica pueblos, endulza voluntades; por el talento redentor, sea cualquiera la tierra en donde brille; por el talento unificador que tiene aquí sacerdotes y apóstoles, y especial y amorosamente, por el brioso ajustador que con lustre del lenguaje, público aplauso, cívico valor y pasmo de los débiles, ha sabido encarnar en tipos felicísimos, a punto de concebidos populares, nuestras desdichas, clamores y esperanzas.

Saludemos a todos los justos; saludemos dentro de la honra a todos los hombres de buena voluntad; saludemos con íntimo cariño al brillante escritor que nos reúne; al aliento y bravura que lo animan, y a la patria severa y vigilante, a la patria erguida e impotente, a la patria enferma y agitada que inflama su valor.

CECILIO ACOSTA

Ya está hueca, y sin lumbre, aquella cabeza altiva, que fue cuna de tanta idea grandiosa; y mudos aquellos labios que hablaron lengua tan varonil y tan gallarda; y yerta junto a la pared del ataúd aquella mano que fue siempre sostén de pluma honrada, sierva de amor y al mal rebelde. Ha muerto un justo: Cecilio Acosta ha muerto. Llorarlo fuera poco. Estudiar sus virtudes e imitarlas es el único homenaje grato a las grandes naturalezas y digno de ellas. Trabajó en hacer hombres: se le dará gozo con serlo. ¡Qué desconsuelo, ver morir en lo más recio de la faena a tan gran trabajador!

Sus manos, hechas a manejar los tiempos, eran capaces de crearlos. Para él, el Universo fue casa; su patria, aposento; la Historia, madre; y los hombres, hermanos, y sus dolores, cosas de familia, que le piden llanto. Él lo dio a mares. Todo el que posee en demasía una cualidad extraordinaria lastima con tenerla a los que no la poseen: y se le tenía a mal que amase tanto. En cosas de cariño, su culpa era el exceso. Una frase suya da idea de su modo de querer: «oprimir a agasajos». Él, que pensaba como profeta, amaba como mujer. Quien se da a los hombres es devorado por ellos, y él se dio entero; pero es ley maravillosa de la naturaleza que sólo esté completo el que se da; y no se empieza a poseer la vida hasta que no vaciamos sin reparo y sin tasa en bien de los demás la nuestra. Negó muchas veces su defensa a los poderosos: no a los tristes. A sus ojos el más débil era el más amable. Y el necesitado era su dueño. Cuando tenía que dar, lo daba todo: y cuando nada ya tenía, daba amor y libros. ¡Cuánta memoria famosa de altos cuerpos del Estado pasa como de otro, y es memoria suya! ¡Cuánta carta elegante, en latín fresco, al Pontífice de Roma, y son sus cartas! ¡Cuánto menudo artículo, regalo de los ojos, pan de mente, que aparecen como de manos de estudiantes, en los periódicos que éstos dan al viento, y son de aquel varón sufrido, que se los dictaba sonriendo, sin violencia ni cansancio, ocultándose para hacer el bien, y el mayor de los bienes, en la sombra!

¡Qué entendimiento de coloso! ¡Qué pluma de oro y seda! ¡Y qué alma de paloma!

Él no era como los que leen un libro, entrevén por los huecos de la letra el espíritu que lo fecunda, y lo dejan que vuele, para hacer lugar a otro, como si no hubiese a la vez en su cerebro capacidad más que para una sola ave. Cecilio volvía el libro al amigo, y se quedaba con él dentro de sí; y lo hojeaba luego diestramente, con seguridad y memoria prodigiosas. Ni pergaminos, ni elzevires, ni incunables, ni ediciones esmeradas, ni ediciones príncipes, veíanse en su torno: ni se veían, ni las tenía. Allá en un rincón de su alcoba húmeda, se enseñaban, como auxiliadores de memoria, voluminosos diccionarios: mas todo estaba en él. Era su mente como ordenada y vasta librería, donde estuvieran por clases los asuntos, y en anaquel fijo los libros, y a la mano la página precisa; por lo que podía decir su hermano, el fiel don Pablo que, no bien se le preguntaba de algo grave, se detenía un instante, como si pasease por los departamentos y galerías de su cerebro, y recogiese de ellos lo que hacía al sujeto, y luego, a modo de caudaloso río de ciencia, vertiese con asombro del concurso límpidas e inexhaustas enseñanzas.

Todo pensador enérgico se sorprenderá, y quedará cautivo y afligido, viendo en las obras de Acosta sus mismos osados pensamientos. Dado a pensar en algo, lo ahonda, percibe y acapara todo. Ve lo suyo y lo ajeno como si lo viera de montaña. Está seguro de su amor a los hombres, y habla como padre. Su tono es familiar, aun cuando trate de los más altos asuntos en los senados más altos. Unos perciben la composición del detalle, y son los que analizan, y como los soldados de la inteligencia: y otros descubren la ley del grupo, y son los que sintetizan, y como los legisladores de la mente. Él desataba y ataba. Era muy elevado su entendimiento para que se lo ofuscara el detalle nimio, y muy profundo para que se eximiera de un minucioso análisis. Su amor a las leyes generales, y su perspicacia asombrosa para asirlas, no mermaron su potencia de escrutación de los sucesos que son como las raíces de las leyes, sin conocer las cuales no se ha de entrar a legislar, por cuanto pueden colgarse de las ramas frutos de tanta pesadumbre que, por no tener raíz que los sustente, den con el árbol en tierra. Todo le atrae, y nada le ciega. La Antigüedad le enamora, y él se da a ella como a madre, y como padre de familia nueva, al porvenir. En él no riñen el odre clásico y el mosto nuevo: sino que, para hacer mejor el vino, lo echa a bullir con la sustancia de la vieja cepa. Sus resúmenes de pueblos muertos son nueces sólidas cargadas de las semillas de los nuevos. Nadie ha sido más dueño del pasado; ni nadie —¡singular energía, a muy pocos dada!— ha sabido libertarse mejor de sus enervadoras seducciones. «La Antigüedad es un monumento, no una regla: estudia mal quien no estudia el porvenir.» Suyo es el arte, en que a ninguno cede, de las concreciones rigurosas. Él exprime un reinado en una frase, y es su esencia: él resume una época en palabras, y es su epitafio: él desentraña un libro antiguo, y da en la entraña. Da cuenta del estado de estos pueblos con una sola frase: «en pueblos como los nuestros, que todavía, más que dan, reciben los impulsos ajenos». Sus juicios de lo pasado son códigos de lo futuro. Su ciencia histórica aprovecha, porque presenta de bulto y con perspectiva los sucesos, y cada siglo trae de la mano sus lecciones. Él conoce las vísceras, y alimentos, y funciones de los pueblos antiguos, y la plaza en que se reunían, y el artífice que la pobló de estatuas, y la razón de hacer fortaleza del palacio, y el temple y resistencia de las armas. Es a la par historiador y apóstol, con lo que templa el fuego de la profecía con la tibieza de la Historia, y amiga con su fe en lo que ha de ser la narración de lo que ha sido. Da aire de presente, como estaba todo en su espíritu, a lo antiguo. Era de ésos que han recabado para sí una gran suma de vida universal, y lo saben todo, porque ellos mismos son resúmenes del Universo en que se agitan, como es en pequeño todo pequeño hombre. Era de los que quedan despiertos, cuando todo se reclina a dormir sobre la tierra.

Sabe del Fuero Aniano como del Código Napoleónico, y por qué ardió Safo, y por qué consoló Bello. Chindasvinto le fue tan familiar como Cambaceres: en su mente andaban a la par el Código Hermogeniano, los Espejos de Suabia y el Proyecto de Goyena. Subía con Moratín aquella alegre casa de Francisca, en la clásica calle de Hortaleza: y de tal modo conocía las tiendas celtas, que no salieran, mejor que de su pluma, de los pinceles concienzudos del recio Alma Tadema. Aquel creyente cándido era en verdad un hombre poderoso.

¡Qué leer! Así ha vivido: de los libros hizo esposa, hacienda e hijos. Ideas: ¿qué mejores criaturas? Ciencia: ¿qué dama más leal, ni más prolífica? Si le encendían anhelos amorosos, como que se entristecía de la soledad de sus volúmenes, y volvía a ellos con ahínco, porque le perdonasen aquella ausencia breve. Andaba en trece años, y ya había comentado, en numerosos cuadernillos, una obra en boga entonces: *Los eruditos a la violeta*. Seminarista luego, cuatro años más tarde, estableció entre sus compañeros clases de gramática, de literatura, de poética, de métrica. Se aplicaba a las ciencias; sobresalía en ellas; el ilustre Cajigal le da sus libros, y él bebe ansiosamente en aquellas fuentes de la vida física, y logra un título de agrimensor. La Iglesia le cautiva, y aquellos serenos días, luego perdidos,

de sacrificio y mansedumbre; y lee con avaricia al elegante
Basilio, al grave Gregorio, al desenfadado Agustín, al osado
Tomás, al tremendo Bernardo, al mezquino Sánchez: bebe
vida espiritual a grandes sorbos. Tiene el talento práctico como
gradas o peldaños, y hay un talentillo que consiste en irse haciendo de dineros para la vejez, por más que aquí la limpieza
sufra y más allá la vergüenza se oscurezca: y hay otro, de más
alta valía, que estriba en conocer y publicar las grandes leyes
que han de torcer el rumbo de los pueblos, en su honra y beneficio. El que es práctico así, por serlo mucho en bien de los
demás, no lo es nada en bien propio. Era, pues, Cecilio Acosta
¡quién lo dijera, que lo vio vivir y morir!, un grande hombre
práctico. Se dio, por tanto, al estudio del Derecho, que asegura
a los pueblos y refresca a los hombres. Inextinguible amor de
belleza consumía su alma, y fue la pura forma su Julieta, y ha
muerto el gran desventurado trovando amor al pie de sus balcones. ¡Qué leer! Así los pensamientos: mal hallados con ser
tantos y tales en cárcel tan estrecha, como que empujaban su
frente desde adentro y le daban aquel aire de cimbria.

Nieremberg vivió enamorado de Quevedo, y Cecilio Acosta
enamorado de Nieremberg. El *Teatro de la elocuencia* de Cap-
many le servía muchas veces de almohada. Desdeñaba al lujoso
Solís y al revuelto Góngora, y le prendaba Moratín, como él
encogido de carácter, y como él terso en el habla y límpido.
Jovellanos le saca ventaja en sus artes de vida, y en el empuje
humano con que ponía en práctica sus pensamientos; pero
Acosta, que no lo dejaba de la mano, le vence en castidad y
galanura, y en lo profundo y vario de su ciencia. Lee ávido a
Mariana, enardecido a Hernán Pérez, respetuoso a Hurtado de
Mendoza. Ante Calderón, se postra. No halla rival para Gallego,
y le seducen y le encienden en amores la rica lengua, salpicada
de sales, de Sevilla, y el modo ingenuo y el divino hechizo de
dos mansos Luises, tan sanos y tan tiernos.

Familiar le era Virgilio, y la flautilla de caña, y Coridón, y
Acates; él supo la manera con que Horacio llama a Télefo,
o celebra a Lidia, o invita a Leucónoe a beber de su mejor
vino y a encerrar sus esperanzas de ventura en límites estrechos.
Le deleitaba Propercio, por elegante; huía de Séneca, por frío; le
arrebataba y le henchía de entusiasmo Cicerón. Hablaba un
latín puro, rico y agraciado: no el del Foro del Imperio, sino
el del Senado de la República; no el de la casa de Claudio, sino
el de la de Mecenas. Huele a mirra y a leche aquel lenguaje, y
a tomillo y verbena.

Si dejaba las *Empresas* de Saavedra, o las *Obras y días*, o *El
sí de las niñas*, era para hojear a Vattel, releer el libro de Sé-
gur, reposar en *Las tristes* de Ovidio, pensar, con los ojos bajos
y la mente alta, en las verdades de Keplero, y asistir al desen-

volvimiento de las leyes de Carlo Magno a Thibadiau, de Papiniano a Heinecio, de Nájera a las de Indias.

Las edades llegaron a estar de pie, y vivas, con sus propios colores y especiales arreos, en su cerebro: así él miraba en sí, y como que las veía íntegramente, y cada una en su puesto, y no confundidas, como confunde el saber ligero, con las otras —hojear sus juicios es hojear los siglos—. Era de los que hacen proceso a las épocas, y fallan en justicia. Él ve a los siglos como los ve Weber; no en sus batallas, ni luchas de clérigos y reyes, ni dominios y muertes, sino parejos y enteros, por todos sus lados, en sus sucesos de guerra y de paz, de poesía y de ciencia, de artes y costumbres: él toma todas las historias en su cuna y las desenvuelve paralelamente: él estudia a Alejandro y a Aristóteles, a Pericles y a Sócrates, a Vespasiano y a Plinio, a Vercingétorix y a Velleda, a Augusto y a Horacio, a Julio II y a Buonarroti a Elizabeth y a Bacon, a Luis XI y a Frollo, a Felipe y a Quevedo, al Rey Sol y a Lebrun, a Luis XIV y a Necker, a Washington y a Franklin, a Hayes y a Edison. Lee de mañana las Ripurias, y escribe de tarde los estatutos de un montepío: deja las Capitulares de Carlo Magno, hace un epitafio en latín a su madre amadísima, saborea una página de Diego de Valera, dedica en prenda de gracias una carta excelente a la memoria de Ochoa, a Campoamor y a Cueto, y antes de que cierre la noche —que él no consagró nunca a lecturas—, echa las bases de un banco, o busca el modo de dar rieles a un camino férreo.

Son los tiempos como revueltas sementeras, donde han abierto surco, y regado sangre, y echado semillas, ignorados y oscuros labriegos: y después vienen grandes segadores que miden todo el campo de una ojeada, empuñan hoz cortante, siegan de un solo vuelo la mies rica, y la ofrecen en bandejas de libros a los que afilan en los bancos de la escuela la cuchilla para la siembra venidera. Así Cecilio. Él fue un abarcador, y un jugador. Como que los hombres comisionan, sin saberlo ellos mismos, a alguno de entre ellos para que se detenga en el camino que no cesa, y mire hacia atrás, para decirles cómo han de ir hacia adelante; y los dejan allí en alto, sobre el monte de los muertos, a dar juicio: mas ¡ay! que a estos veedores acontece que los hombres ingratos, atareados como abejas en su faena de acaparar fortuna, van ya lejos, muy lejos, cuando aquel a quien encargaron de su beneficio, y dejaron atrás en el camino, les habla con alarmas y gemidos, y voz de época. Pasa de esta manera a los herreros, que asordados por el ruido de sus yunques no oyen las tempestades de la villa: ni los humanos, turbados por las hambres del presente, escuchan los acentos que por boca de hijos inspirados echa delante de sí lo por venir.

Lo que supo, pasma. Quería hacer la América próspera, y no enteca; dueña de sus destinos, y no atada, como reo antiguo, a la cola de los caballos europeos. Quería descuajar las Universidades y deshelar la ciencia, y hacer entrar en ella savia nueva: en Aristóteles, Huxley; en Ulpiano, Horace Greeley y Amasa Walker; del derecho, «lo práctico y tangible»: las reglas internacionales, que son la paz, «la paz, única condición y único camino para el adelanto de los pueblos»: la Economía política, que tiende a abaratar frutos de afuera, y a enviar afuera en buenas condiciones los de adentro. Anhelaba que cada uno fuese autor de sí, no hormiga de oficina, ni momia de biblioteca, ni máquina de interés ajeno: «el progreso es una ley individual, no ley de los Gobiernos»: «la vida es obra». Cerrarse a la ola nueva por espíritu de raza, o soberbia de tradición, o hábitos de casta, le parecía crimen público. Abrirse, labrar juntos, llamar a la tierra, amarse: he aquí la faena: «el principio liberal es el único que puede organizar las sociedades modernas y asentarlas en su caja». Tiene visiones plácidas, en siglos venideros, y se inunda de santo regocijo: «La conciencia humana es tribunal; la justicia, código; la libertad triunfa; el espíritu reina.» Simplifica, por eso ahonda: «La Historia es el ser interior representado.» Para él es usual lo grandioso, manuable lo difícil, y lo profundo, transparente. Habla en pro de los hombres, y arremete contra estos brahmanes modernos y magos graves que guardan para sí la magna ciencia; él no quiere montañas que absorban los llanos, necesarios al cultivo: él quiere que los llanos suban, con el descuaje y nivelación de las montañas. Un grande hombre entre ignorantes sólo aprovecha a sí mismo: «Los medios de ilustración no deben amontonarse en las nubes, sino bajar como la lluvia a humedecer todos los campos»; «la luz que aprovecha más a una nación no es la que se concreta, sino la que se difunde». Quiere a los americanos enteros: «La República no consiste en abatir, sino en exaltar los caracteres para la virtud.» Mas no quiere que se hable con aspereza a los que sufren: «Hay ciertos padecimientos, mayormente los de familia, que deben tratarse con blandura.» De América nadie ha dicho más: «pisan las bestias oro, y es pan todo lo que se toca con las manos». Ni de Bolívar: «la cabeza de los milagros y la lengua de las maravillas». Ni del cristianismo: «El cristianismo es grande, porque es una preparación para la muerte.» Y está completo, con su generosa bravura, amor de lo venidero y forma desembarazada y elegante, en este reto noble: «Y si han de sobrevenir decires, hablillas y calificaciones, más consolador es que le pongan a uno del lado de la electricidad y el fósforo, que del lado del jumento, aunque tenga buena albarda, el pedernal y el morrión...»

Y ¡cómo alternaba Acosta estas tareas, y de lo sencillo sacaba vigor para lo enérgico! ¡Cómo, en vez de darse al culto seco de un aspecto del hombre, ni agigantaba su razón a expensas del sentimiento, ni hinchaba éste con peligro de aquélla, sino que con las lágrimas generosas que las desventuras de los poetas o de sus seres ficticios le arrancaban, suavizaba los recios pergaminos en que escribe el derecho sus anales! Ya se erguía con Esquilo y braceaba como Prometeo para estrujar al buitre; ya lloraba con Shakespeare, y veía su alcoba sembrada de las flores de la triste Ofelia; ya se veía cubierto de lepra como Job, y se apretaba la cintura, porque su cuerpo, como junco que derriba el viento fuerte, era caverna estrecha para eco de la voz de Dios, que se sienta en la tormenta, le conoce y le habla; ya le exalta y acalora Víctor Hugo, que renueva aquella lengua encendida y terrible que habló Jehovah al hijo de Edom.

Esta lectura varia y copiosísima; aquel mirar de frente, y con ojos propios, en la naturaleza, que todo lo enseña; aquel rehuir el juicio ajeno, en cuanto no estuviese confirmado en la comparación del objeto juzgado con el juicio; aquella independencia provechosa, que no lo hacía siervo, sino dueño; aquel beber la lengua en sus fuentes, y no en preceptistas autócratas ni en diccionarios presuntuosos, y aquella ingénita dulzura que daba a su estilo móvil y tajante todas las gracias femeniles, fueron juntos los elementos de la lengua rica que habló Acosta, y que parecía bálsamo, por lo que consolaba; luz, por lo que esclarecía; plegaria, por lo que se humillaba; y ora arroyo, ora río, ora mar desbordado y opulento, reflejador de fuegos celestiales. No escribió frase que no fuese sentencia, adjetivo que no fuese resumen, opinión que no fuese texto. Se gusta como un manjar aquel estilo; y asombra aquella naturalísima manera de dar casa a lo absoluto, y forma visible a lo ideal, y de hacer inocente y amable lo grande. Las palabras vulgares se embellecían en sus labios, por el modo de emplearlas. Trozos suyos enteros parecen, sin embargo, como flotantes, y no escritos, en el papel en que se leen; o como escritos en las nubes, porque es fuerza subir a ellas para entenderlos: y allí están claros. Y es que quien desde ellas ve, entre ellas tiene que hablar: hay una especie de confusión que va irrevocablemente unida, como señal de altura y fuerza, a una legítima superioridad...

Descuidaba el traje externo, porque daba todo su celo al interior: y el calor, abundancia y lujo de alma le eran más caros que el abrigo y el fausto del cuerpo. Compró su ciencia a costa de su fortuna: si se es honrado, y se nace pobre, no hay tiempo para ser sabio y ser rico. ¡Cuánta batalla ganada supone la riqueza y cuánto decoro perdido!; ¡y cuántas tristezas de la virtud, y triunfos del mal genio!; ¡y cómo, si se parte una moneda, se halla amargo, y tenebroso y gemidor su seno! A él le espantaban estas recias lides, reñidas en la sombra; deseaba la holgura, mas por cauces claros: se placía en los combates, mas no en ésos de vanidades ruines o intereses sórdidos, que espantan el alma; sino en esos torneos de inteligencia, en que se saca en el asta de la lanza una verdad luciente, y se la rinde, trémulo de júbilo, dejado de los balcones de la patria. Él era «hombre de discusión, no de polémica estéril y deshonrosa con quien no ama la verdad, ni lleva puesto el manto del decoro». Cuando imaginador, ¡qué vario y fácil!: como que no abusaba de las imaginaciones y las tomaba de la naturaleza, le salían vivas y sólidas. Cuando enojado ¡qué expresivo!; su enojo es dantesco; sano, pero fiero: no es el áspero de la ira, sino el magnánimo de la indignación. Cuanto decía en su desagravio llevaba señalado su candor: que parecía, cuando se enojaba, como que pidiese excusa de su enojo. Y en calma como en batalla, ¡qué abundancia!; ¡qué desborde de ideas, robustas todas!; ¡qué riqueza de palabras galanas y macizas!; ¡qué rebose de verbos! Todo el proceso de la acción está en la serie de ellos, en que siempre el que sigue magnifica y auxilia al que antecede. En su estilo se ve como desnuda la armazón de los sucesos, y a los obreros trabajando por entre los andamios; se estima la fuerza de cada brazo, el eco de cada golpe, la íntima causa de cada estremecimiento. A mil ascienden las voces castizas, no contadas en los diccionarios de la Academia, que envió a ésta como en cumplimiento de sus deberes, y en pago de los que él tenía por favores. Verdad que él había leído en sus letras góticas la *Danza de la muerte*, y huroneado en los desvanes de Villena, y decía de coro la *Rosa* de Juan de Timoneda, o el entremés de los olivos. Nunca premio fue más justo, ni al obsequiado más grato, que ese nombramiento de académico con que se agasajó a Cecilio Acosta. Para él era la Academia como novia, y ponía en tenerla alegre su gozo y esmero: y no que, como otros, estimase que para no desmerecer de su concepto es fuerza cohonestar los males que a la Península debemos y aún nos roen, y hacer enormes, para agradarla, beneficios efímeros; sino que, sin sacrificarle fervor americano ni verdad, quería darle lo mejor de lo suyo, porque juzgaba que ella le había dado más de lo que él mería, y andaba como amante casto y fino, a quien nada parece bien para su dama. ¡Cuán justo fue aquel homenaje que le tributó, con ocasión del nombramiento, la Academia de Ciencias Sociales y Bellas Letras de Caracas!; ¡cuán acertadas cosas dijo en su habla excelente, del recipiendario, el profundo Rafael Seijas!; ¡cuántos lloraron en aquella justa y tiernísima fiesta! ¡Y aquel discurso de Cecilio, que es como un vuelo de águila por cumbres!; ¡y la procesión de elevadas gentes que le llevó, coreando su nombre, hasta su angosta casa!; ¡y aquella madrecita, llena toda de lágrimas, que salió a los umbrales a abrazarle y le dijo con voces jubilosas: «Hijo mío: he tenido quemados los santos para que te sacasen en bien de esta amargura»! Murió al fin la buena anciana, dejando, más que huérfano, viudo al casto hijo, que en sus brazos de plática o estudio, como romano entre sus lares, envuelto en su ancha capa, reclinado en su vetusto taburete, revolviendo, como si tejiese ideas, sus dedos impacientes, hablaba de altas cosas, a la margen de aquella misma mesa, con su altarcillo de hoja doble, y el Cristo en el fondo, y ambas hojas pintadas, y la luz entre ambas, coronando el conjunto, a este lado y aquel de las paredes, de estampas de Jesús y de María, que fueron regocijo, fe y empleo de la noble señora, a cuya muerte, en carta que pone pasmo por lo profunda, y reverencia por lo tierna, pensó cosas excelsas el buen hijo, en respuesta a otras conmovedoras que le escribió en son de pésame Riera Aguinagalde.

No concibió cosa pequeña, ni comparación mezquina, ni oficio bajo de la mente, ni se encelaba del ajeno mérito, antes se daba prisa a enaltecerlo y publicarlo. Andaba buscando quien valiese, para decir por todas partes bien de él. Para Cecilio Acosta, un bravo era un Cid: un orador, un Demóstenes: un buen prelado, un San Ambrosio. Su timidez era igual a su generosidad: era él un Padre da la Iglesia, por lo que entrañaba a ella, sabía de sus leyes y aconsejaba a sus prohombres; y parecía cordero atribulado, sorprendido en la paz de la majada por voz que hiere y truena, cuando entraba por sus puertas, y rozaba los lirios de su patio con la fulgente túnica de seda, un anciano arzobispo.

Visto de cerca, ¡era tan humilde!: sus palabras, que —con ser tantas que se rompían unas contra otras como aguas de torrente— eran menos abundantes que sus ideas, daban a su habla apariencia de defecto físico, que le venía de exceso, y hacía tartamudez la sobra de dicción. Aun visto de lejos, ¡era tan imponente!: su desenvoltura y donaire cautivaban, y su visión de lo futuro entusiasmaba y encendía. Consolaba el espíritu su pureza: seducía el oído su lenguaje; ¡qué fortuna, ser niño siendo viejo!: ésa es la corona y la sanidad de la vejez. Él tenía la precisión de la lengua inglesa, la elegancia de la italiana, la majestad de la española. Republicano, fue justo con los monarcas; americano vehementísimo, al punto de enojarse cuando se le hablaba de partir glorias con tierras que no fuesen esta suya de Venezuela, dibujaba con un vuelo arrogante de la pluma el paseo imperial de Bonaparte, y vivía en la admiración ardorosa del extraordinario Garibaldi, que sobre ser héroe tiene un merecimiento singular: serlo en su siglo. Él era querido en todas partes, que es más que conocido, y más difícil. Colombia, esa tierra de pensadores, de Acosta tan amada, le veía con entrañable afecto, como viera al más glorioso de sus hijos: Perú, cuya desventura le movió a cólera santa, le leyó ansiosamente: de Buenos Aires le venían abrumadoras alabanzas. En España, como hechos a estas galas, saboreaban con deleite su risueño estilo, y celebraban con pomposo elogio su fecunda ciencia: el premio de Francia le venía ya por los mares: en

Italia era presidente de la Sociedad Filelénica, que llamó estupenda a su carta última: el Congreso de Literatos le tenía en su seno, el de Americanistas se engalanaba con su nombre: «acongojado hasta la muerte», le escribe Torres Caicedo, porque sabe de sus males: luto previo, como por enfermedad de padre, vistieron por Acosta los pueblos que le conocían. Y él, que sabía de artes como si hubiera nacido en casa de pintor, y de dramas y comedias como si las hubiera tramado y dirigido; él, que preveía la solución de los problemas confusos de naciones lejanas con tal soltura y fuerza que fuera natural tenerle por hijo de todas aquellas tierras, como lo era en verdad por el espíritu; él, que en épocas y límites estrechos, ni sujetó su anhelo de sabiduría, ni entrabó o cegó su juicio, ni estimó el colosal oleaje humano por el especial y concreto de su pueblo, sino que echó los ojos ávidos y el alma enamorada y el pensamiento portentoso por todos los espacios de la Tierra; él no salió jamás de su casita oscura, desnuda de muebles como él de vanidades, ni dejó nunca la ciudad nativa, con cuyas albas se levantaba a la faena, ni la margen de este Catuche alegre, y Guaire blando, y Anauco sonoroso, gala del valle, de la naturaleza, y de su casta vida. ¡Lo vio todo en sí, de grande que era!

Éste fue el hombre, en junto. Posvió y previó. Amó, supo y creó. Limpió de obstáculos la vía. Puso luces. Vio por sí mismo. Señaló nuevos rumbos. Le sedujo lo bello; le enamoró lo perfecto; se consagró a lo útil. Habló con singular maestría, gracia y decoro: pensó con singular viveza, fuerza y justicia. Sirvió a la Tierra y amó al Cielo. Quiso a los hombres, y a su honra. Se hermanó con los pueblos, y se hizo amar de ellos. Supo ciencias y letras, gracias y artes. Pudo ser ministro de Hacienda y sacerdote, académico y revolucionario, juez de noche y soldado de día, establecedor de una verdad y de un banco de crédito. Tuvo durante su vida a su servicio una gran fuerza, que es la de los niños: su candor supremo; y la indignación, otra gran fuerza. En suma: de pie en su época, vivió en ella, en las que le antecedieron y en las que han de sucederle. Abrió vías, que habrán de seguirse: profeta nuevo, anunció la fuerza por la virtud y la redención por el trabajo. Su pluma, siempre verde, como la de un ave del Paraíso, tenía reflejos del cielo y punta blanda. Si hubiera vestido manto romano, no se hubiese extrañado. Pudo pasearse, como quien pasea con lo propio, con túnica de apóstol. Los que le vieron en vida, le veneran: los que asistieron a su muerte, se estremecen. Su patria, como su hija, debe estar sin consuelo: grande ha sido la amargura de los extraños, grande ha de ser la suya. Y cuando él alzó el vuelo, tenía limpias las alas.

Caracas, julio de 1881.

LONGFELLOW

Ya, como vaso frío, duerme en la tierra el poeta celebrado. Ya no mirará más desde los cristales de su ventana los niños que jugaban, las hojas que revoloteaban y caían, los copos de nieve que fingían en el aire danza jovial de mariposas blancas, los árboles abatidos, como por el pesar los hombres, por el viento, y el sol claro, que hace bien al alma limpia, y esas leves visiones de alas tenues que los poetas divisan en los aires, y esa calma solemne que, como vapor de altar inmenso, flota a manera de humo, sobre los montes azules, los llanos espigados y los árboles coposos de la tierra. Ya ha muerto Longfellow. ¡Oh, cómo acompañan los buenos poetas! ¡Qué tiernos amigos ésos a quienes no conocemos! ¡Qué benefactores, ésos que cantan cosas divinas y consuelan! Si hacen llorar, ¡cómo alivian! Si hacen pensar, ¡cómo empujan y agrandan! Y si están tristes, ¡cómo pueblan de blandas músicas los espacios del alma, y tañen en los aires y le sacan sones, como si fuera el aire lira y ellos supieran el hermoso secreto de tañerla!

La vida, como un ave que se va, dejó su cuerpo. Le vistieron de ropas negras. Le arreglaron la blanca barba, ondeante sobre el pecho. Le besaron la mano generosa. Miraron tristemente, como quien ve un templo vacío, su frente alta. Le acostaron en su ataúd de paño. Le pusieron en él un ramo humilde de flores campestres. Y abrieron, bajo la copa de un álamo majestuoso, un hueco en la tierra. Y allí duerme.

¡Y qué hermoso fue en vida! Tenía aquella mística hermosura de los hombres buenos; el color sano de los castos; la arrogancia magnífica de los virtuosos; la bondad de los grandes; la tristeza de los vivos, y aquel anhelo de muerte que hace la vida bella. Era su pecho ancho, su andar seguro, su cortesía real, su rostro inefable, su mirada fogosa y acaricia-

dora. Había vivido entre literaturas, y siendo quien era, lo
que es mérito grande. Le sirvieron sus estudios como de crisol,
que es de lo que han de servir, y no de grillos, como sirven
a otros. Tanta era su luz propia, que no pudieron cegarla
reflejos de otras luces. Fue de los que dan de sí, y no de los
que toman de otros. Le graznaron cuervos, que graznan siempre a las águilas. Le mordieron los envidiosos, que tienen
dientes verdes. Pero los dientes no hincan en la luz. Él anduvo
sereno, propagando paz, señalando bellezas, que es modo de
apaciguar, mirando ansiosamente el aire vago, puestos los ojos
en las altas nubes y en los montes altos. Veía a la tierra,
donde se trabaja, hermosa; y la otra tierra, donde tal vez se
trabaja también, más hermosa todavía. No tenía ansias de
reposar, porque no estaba cansado; pero había vivido tanto,
tenía ansias de hijo que ha mucho tiempo no ve a su madre.
Sentía a veces una blanda tristeza, como quien ve a lo lejos,
en la sombra negra, rayos de luna; y otras veces, prisa de
acabar, o duda de la vida posterior, o espanto de conocerse,
le llenaban de relámpagos los ojos. Y luego sonreía, como
quien se vence. Parecía un hombre que había domado a un
águila.

Son sus versos como urnas sonoras, y como estatuas griegas. Parecen al ojo frívolo, pequeños, como parece de primera
vez todo lo grande. Mas luego surge de ellos, como de las
estatuas griegas, ese suave encanto de la proporción y la armonía. Y no batallan, en lo hondo de esas urnas, ángeles re-
beldes en nubes encendidas; ni se escapan de ellas lamentos
alados, que vuelan como cóndores heridos, lúgubre la mirada
llameante, el pecho rojo; ni sobre rosas muelles se tienden
descuidados, al son de los blandos besos y de la amable ave-
na, los tiernos amadores, sino que es su poesía vaso de mirra
de donde asciende en humo fragante, como en homenaje a lo
alto, la esencia humana. Hizo el poeta canoso versos varios,
y supo de finlandeses y noruegos, y de estudiantes salmanti-
nos, y de monjas moravas, y de fantasmas suecos, y de cosas
de la colonia pintoresca, y de la América salvaje. Pero estos
ocios de la mente, que son bellos, no copian bien el alma del
poeta, ni son su obra real, sino aquellos vagares de sus ojos
y efluvios de su espíritu, y luengos y tiernísimos coloquios con
la solemne naturaleza, que era como la desposada de este
amante, y se ponía para él sus galas ricas, y le mostraba,
confiado en su amor, los tesoros de su magnífica hermosura.
Y sus labios, hechos al canto, fluían entonces versos armo-
niosos.

Así miraba, desde los cristales de su ventana, la tarde oscura, no como quien teme a la noche, sino como quien aguarda
a su perezosa desposada. Y le parecían los niños flores, y las
niñas rosas, y él era para ellas muro viejo, por el que trepaban

alegres las rosas y las flores. Le sobrecogía, como a onda mísera, el miedo de perderse en el mar inmenso, y se rebelaba, y se preguntaba cuál era entonces la utilidad de tanta pena y la razón de tanto bárbaro martirio; pero tenía piedad de sí y de los demás, y no contaba estos dolores a los hombres. Quería que se viviese como Héctor y no como Paris; que se viviera sin ira y con agradecimiento; y que se supiese cuánto hay de hermoso en el dolor y en la muerte, y en el trabajo. No incitaba a los humanos a cóleras estériles, sino al bravo cultivo de sí mismos. Creyó que, puesto que se tiene alma, ha de vivirse de ella, y no de vanidad, ni de comprar ni vender goces, por cuanto no es goce el que se compra o vende. Veía la vida como monte, y el estar en ella como la obligación de llevar un estandarte blanco a la cima del monte. Y vivió en paz, fuera de los mercados bulliciosos, donde los árboles rumoreaban, y trabajaba a la sombra de un castaño un herrero robusto, y volaban, como las hebras rubias del maíz tierno, las chispas de la fragua, y se paraban a verlos, como pensativos, parvadas de escolares pequeñuelos.

Y ha muerto ahora serenamente, cual se hunde en el mar la onda. Los niños llevan su nombre; está vacío el sillón alto, hecho del castaño del herrero, que le regalaron, muy labrado y mullido, con los niños amorosos; anda con son pausado el reloj rudo, que sobrevive al artífice que lo hizo, y al héroe que midió en él la hora de las batallas, y al poeta que lo celebró en sus cantos; y cuando, más como voz de venganza que como palabra de consuelo, sonaron sobre la fosa, abierta aún, aquellos sones religiosos, salmodiados tristemente por el hermano del poeta, que dicen que se vino del polvo y al polvo se vuelve, parecía que la naturaleza descontenta en cuyo seno posaba ya su amado, enviaba el aire recio que abatía sobre la tumba fresca el ramaje del álamo umbroso, y que decía el viento en las ramas, como consuelo y como promesa, los nobles versos de Longfellow en que cuenta que no se dijo lo de la vuelta al polvo para el alma. Y echaron tierra en la fosa, y cayó nieve, y volvieron camino a la ciudad, mudos y tímidos, el poeta Holmes, el orador Curtis, el novelista Howells, Luis Agasiz, hijo del sabio que lo fue de veras porque no fue para él el cuerpo, como para tantos otros, velo del alma, y el tierno Whittier, y Emerson trémulo, en cuyo rostro enjuto ya se pinta ese solemne y majestuoso recogimiento del que siente que ya se pliega su cabeza del lado de la almohada desconocida.

[*La Opinión Nacional*, Caracas, 11 de abril de 1882.]

AL GENERAL MÁXIMO GÓMEZ

Nueva York, 20 de julio de 1882.

Señor general Máximo Gómez.

Señor y amigo: El aborrecimiento en que tengo las palabras que no van acompañadas de actos, y el miedo de parecer un agitador vulgar, habrán hecho, sin duda, que usted ignore el nombre de quien con placer y afecto le escribe esta carta. Básteme decirle que, aunque joven, llevo muchos años de padecer y meditar en las cosas de mi patria; que, ya después de urdida en Nueva York la segunda guerra, vine a presidir —más para salvar de una mala memoria nuestros actos posteriores que porque tuviese fe en aquello— el Comité de Nueva York; y que desde entonces me he ocupado en rechazar toda tentativa de alardes inoficiosos y pueriles, y toda demostración ridícula de un poder y entusiasmo ridículo, aguardando en calma aparente los sucesos que no habían de tardar en presentarse, y que eran necesarios para producir al cabo en Cuba, con elementos nuevos, y en acuerdo con los problemas nuevos, una revolución seria, compacta e imponente, digna de que pongan mano en ella los hombres honrados. La honradez de usted, general, me parece igual a su discreción y a su bravura. Esto explica esta carta.

Quería yo escribirle muy minuciosamente sobre los trabajos que llevo emprendidos, la naturaleza y fin de ellos, los elementos varios y poderosos que trato ya de poner en junto, y las impaciencias aisladas y bulliciosas y perjudiciales que hago por contener. Porque usted sabe, general, que mover un país, por pequeño que sea, es obra de gigantes. Y quien no se sienta gigante de amor, o de valor, o de pensamiento, o de paciencia, no debe emprenderla. Pero mi buen amigo Flor Crombet sale de Nueva York inesperadamente, antes de lo

que teníamos pensado que saliese; y yo le escribo, casi de pie
y en el vapor, estos renglones, para ponerle en conocimiento
de todo lo emprendido, para pedirle su cuerdo consejo, y
para saber si en la obra de aprovechamiento y dirección de
las fuerzas nuevas que en Cuba surgen ahora, sin el apoyo
de las cuales es imposible una revolución fructífera, y con las
cuales será posible pronto, piensa usted como sus amigos, y
los míos, y los de nuestras ideas, piensan hoy. Porque llevamos
ya muchas caídas para no andar con tiento en esta tarea. El
país vuelve aún los ojos confiados a aquel grupo escaso de
hombres que ha merecido sus respetos y asombro por su lealtad y valor: importa mucho que el país vea, juntos, sensatos
ahorradores de sangre inútil, y prevedores de los problemas
venideros, a los que intentan sacarlo de su quicio, y ponerlo
sobre quicio nuevo.

Por mi parte, general, he rechazado toda excitación a renovar aquellas perniciosas camarillas de grupo de las guerras
pasadas, ni aquellas jefaturas espontáneas, tan ocasionadas a
rivalidades y rencores: sólo aspiro a que formando un cuerpo
visible y apretado aparezcan unidas por un mismo deseo grave
y juicioso de dar a Cuba libertad verdadera y durable, todos
aquellos hombres abnegados y fuertes, capaces de reprimir su
impaciencia en tanto que no tengan modo de remediar en Cuba
con una victoria probable los males de una guerra rápida,
unánime y grandiosa, y de cambiar en la hora precisa la palabra por la espada.

Yo estaba esperando, señor y amigo mío, a tener ya juntos
y de la mano algunos de los elementos de esta nueva empresa.
El viaje de Crombet a Honduras, aunque precipitado ahora,
es una parte de nuestros trabajos, y tiene por objeto, como
él le explicará a usted largamente, decirle lo que llevamos
hecho, la confianza que usted inspira a sus antiguos oficiales, lo
dispuestos que están ellos —aun los que parecían más rea-
cios— a tomar parte en cualquier tentativa revolucionaria, aun
cuando fuera loca, y lo necesitados que estamos ya de responder de un modo oíble y visible a la pregunta inquieta de
los elementos más animosos de Cuba, de los cuales muchos
nos venían desestimando y ahora nos acatan y nos buscan.
Antes de ahora, general, una excitación revolucionaria hubiera parecido una pretensión ridícula, y acaso criminal, de
hombres tercos, apasionados e impotentes: hoy, la aparición
en forma serena, juiciosa, de todos los elementos unidos del
bando revolucionario, es una respuesta a la pregunta del país.
Esperar es una manera de vencer. Haber esperado en esto nos
da esta ocasión, y esta ventaja. Yo creo que no hay mayor
prueba de vigor que reprimir el vigor. Por mi parte, tengo
esta demora como un verdadero triunfo.

Pero así como el callar hasta hoy ha sido cuerdo, el callar desde hoy sería imprudente. Y sería también imprudente presentarse al país de otra manera que de aquella moderada, racional y verdaderamente redentora que espera de nosotros. Ya llegó Cuba, en su actual estado y problemas, al punto de entender de nuevo la incapacidad de una política conciliadora, y la necesidad de una revolución violenta. Pero sería suponer a nuestro país un país de locos, exigirle que se lanzase a la guerra en pos de lo que ahora somos para nuestro país, en pos de un fantasma. Es necesario tomar cuerpo y tomarlo pronto, y tal como se espera que nuestro cuerpo sea. Nuestro país abunda en gente de pensamiento, y es necesario enseñarles que la revolución no es ya un mero estallido de decoro, ni la satisfacción de una costumbre de pelear y mandar, sino una obra detallada y previsora de pensamiento. Nuestro país vive muy apegado a sus intereses, y es necesario que le demostremos hábil y brillantemente que la revolución es la solución única para sus muy amenguados intereses.

Nuestro país no se siente aún fuerte para la guerra, y es justo, y prudente, y a nosotros mismos útil, halagar esta creencia suya, respetar este temor cierto e instintivo, y anunciarle que no intentamos llevarle contra su voluntad una guerra prematura, sino tenerlo todo dispuesto para cuando él se sienta ya con fuerzas para la guerra. Por de contado, general, que no perderemos medios de provocar naturalmente esta reacción. Violentar el país sería inútil, y precipitarlo sería una mala acción. Puesto que viene a nosotros, lo que hemos de hacer es ponernos en pie para recibirlo. Y no volver a sentarnos.

Y aún hay otro peligro mayor, mayor tal vez que todos los demás peligros. En Cuba ha habido siempre un grupo importante de hombres cautelosos, bastante soberbios para abominar la dominación española, pero bastante tímidos para no exponer su bienestar personal en combatirla. Esta clase de hombres, ayudados por los que quisieran gozar de los beneficios de la libertad sin pagarlos en su sangriento precio, favorecen vehementemente la anexión de Cuba a los Estados Unidos. Todos los tímidos, todos los irresolutos, todos los observadores ligeros, todos los apegados a la riqueza, tienen tentaciones marcadas de apoyar esta solución, que creen poco costosa y fácil. Así halagan su conciencia de patriotas, y su miedo de serlo verdaderamente. Pero como ésa es la naturaleza humana, no hemos de ver con desdén estoico sus tentaciones, sino de atajarlas.

¿A quién se vuelve Cuba, en el instante definitivo, y ya cercano, de que pierda todas las nuevas esperanzas que el término de la guerra, las promesas de España y la política de los liberales le han hecho concebir? Se vuelve a todos los que le hablan de una solución fuera de España. Pero si no está en

pie, elocuente y erguido, moderado, profundo, un partido revolucionario que inspire, por la cohesión y modestia de sus
hombres, y la sensatez de sus propósitos, una confianza suficiente para acallar el anhelo del país, ¿a quién ha de volverse,
sino a los hombres del partido anexionista que surgirán entonces? ¿Cómo evitar que se vayan tras ellos todos los aficionados
a una libertad cómoda, que creen que con esa solución salvan
a la par su fortuna y su conciencia? Ése es el riesgo grave.
Por eso es llegada la hora de ponernos en pie.

A eso iba, y va, Flor Crombet a Honduras. Querían hacerle
picota de escándalo, y base de operaciones ridículas. Él tiene
noble corazón, y juicio sano, y creo que piensa como pienso.
A eso va, sin tiempo de esperar al discreto comisionado que
tengo en estos instantes en La Habana, comenzando a tener
en junto todos los hilos que andan sueltos. Porque yo quería,
general, enviar a usted más cosas hechas.

Va Crombet a decirle lo que ha visto, que es poco en lo
presente visible, y mucho más en lo invisible y en lo futuro.
Va en nombre de los hombres juiciosos de La Habana y el
Príncipe (1) y en el de don S. Cisneros, y en mi nombre, a
preguntarle si no cree usted que ésas y el llevo precipitada-
mente escritas deben ser las ideas capitales de la reaparición, en
forma semejante a las anteriores, y adecuada a nuestras necesidades prácticas, del partido revolucionario. Va a oír de usted
si no cree que ésos que le apunto son los peligros reales de
nuestra tierra y de sus buenos servidores. Va a saber previa-
mente, antes de hacer manifestación alguna pública —que pudiera aparecer luego presuntuosa, o desmentida por los sucesos—, si usted cree oportuno y urgente que el país vea surgir
como un grupo compacto, cuerdo y activo a la par que pensador, a todos aquellos hombres en cuya virtud tiene fe todavía. Va a saber de usted si no piensa que ésa es la situación
verdadera, ésa la necesidad ya inmediata, y ése, en rasgos
generales, el propósito que puede realizar, acelerar sin violencia, acreditar de nuevo, y dejar en manos de sus guías naturales e ingenuos la revolución. Ni debe ésta ir a otro país, general, ni a los hombres que la aceptan de mal grado, o la
comprometan por precipitarla, o la acepten para impedirla, o
para aprovecharla en beneficio de un grupo o una sección
de la Isla.

Ya se va el correo, y tengo que levantar la pluma que he
dejado volar hasta aquí. Me parece, general, por lo que le
estimo, que le conozco desde hace mucho tiempo, y que también me estima. Creo que lo merezco, y sé que pongo en un
hombre no común mi afecto. Sírvase no olvidar que espero

_____

(1) Príncipe o Puerto Príncipe, antiguo nombre de Camagüey.

con impaciencia su respuesta, porque, hasta recibirla, todo lo demoro, y la aguardo, no para hacer arma de ella, sino, con esta seguridad y contento interiores, empezar a dar forma visible a estos trabajos, ya animados, tenaces y fructuosos. Jamás debe cederse a hacerlo pequeño por no parecer tibio o desocupado; pero no debe perderse tiempo en hacerlo grande.

¿Cómo puede ser que usted, que está hecho a hacerlo, no venga con toda su valía a esta nueva obra? Ya me parece oír la respuesta de sus labios generosos y sinceros. En tanto, queda respetando al que ha sabido ser grande en la guerra y digno en la paz, su amigo y estimador.

José Martí.

LA ESTATUA DE BOLÍVAR

Respira en bronce una vez más, moldeado por manos filia-
les y vaciado del yeso por fieles fundidores, aquel hombre
solar, a quien no concibe la imaginación sino cabalgando en
carrera frenética, con la cabeza rayana en las nubes, sobre
caballo de fuego, asido del rayo, sembrando naciones. Burló
montes, enemigos, disciplina, derrotas; burló el tiempo; y cuanto quiso, pudo, menos mellar el diente a los ingratos. No hay
cosa que moleste tanto a los que han aspirado en vano a la
grandeza como el espectáculo de un hombre grande; crecen
los dientes sin medida al envidioso.

Rafael de la Cova, joven de Caracas, ha amasado con sus
manos piadosas e inspiradas, en un cuarto pequeño y oscuro,
sin distancias, sin tiempo, sin luz acaso, a no ser la febril de
la mente y la inquieta del ansia, la estatua monumental que
en el buen taller de Bonnard se ostenta ahora, ganosa ya de
emprender camino a la ciudad del héroe, adonde, para celebrar con su instalación el centenario del padre de pueblos,
el Gobierno de Venezuela la destina.

¡Es brava estatua, de nueve pies de alto! Lleva traje de militar en ciudad; colgándole al cinto espada de gala; en una
mano, que extiende en ademán modesto, la cuenta de sus hazañas; y puesta la otra mano en la espada que las alcanzó y
mantuvo. Allí está el héroe en reposo, como en vida estuvo
en el instante en que el escultor lo representa. En el patio
del convento de San Francisco, que es ahora Universidad —por
cuanto es bueno que se truequen en Universidades los conventos—, va a ser erigida, en pedestal sencillo, la estatua de
Cova; y Cova representa a su héroe, como cuando el día 2 de

enero, ante su pueblo jubiloso y radiante, que creía ver en él astro humanado, narró, con su palabra grandiosa, sus victorias, en aquel mismo patio glorioso de San Francisco. ¡Ay de esos días en que el Sol baja a la Tierra!

Ése es el Bolívar que el gallardo Cova eligió para su estatua; no el que abatió huestes, sino el que no se envaneció por haberlas abatido; no el dictador omnímodo, sino el triunfador sumiso a la voluntad del pueblo que surgió libre, como un águila de un monte de oro, del pomo de su espada; no el que vence, avasalla, avanza, perdona, fulmina, rinde; sino el que, vestido de ropas de gala, en una hora dichosa de tregua, el alma inundada de amores grandiosos y los oídos de vítores amantes, fue a devolver, sin descalzarse —porque aún había míseros— las botas de montar, la autoridad ilimitada que le había concedido la República. En torno suyo, aparecieron aquella vez las muchedumbres como deslumbradas, y los hombres ilustres noblemente postrados. De pie ante su pueblo; acariciando la espada fecunda; en la mano la memoria de su Gobierno; en la faz la ventura que da el sentirse amado y la tristeza que inspira el miedo de llegar a no serlo, dio cuenta espontánea Bolívar de su dictadura a la asamblea popular, nacida, como la América nueva, de su mente. Nada fatigó tanto a Bolívar, ni lo entristeció tanto, como su empeño férvido, en sus tiempos burlado, de despertar a todo su decoro los pueblos de la América naciente; sólo les tomó las riendas de la mano cuando le pareció que las dejaban caer a tierra. Ya, para aquel 2 de enero, dormía sobre almohadas de plumas que no vuelan el humilde comandante de Barranca. De un golpe de su mano había surgido ya Nueva Granada, y Venezuela de otro. Por sobre Correa enemigo, por sobre Castillo envidioso, por sobre Briceño rebelde, por sobre Monteverde confuso entra en Cúcuta, abraza en Niquitao al glorioso Ribas, enfrena al adversario en los Taguanes, llora a Girardot en Bálbula, mueve el brazo vencedor de D'Elhuyar en las trincheras, de Campo Elías en Calabozo, de Villapol en Araure, y baja un momento a contar a la madre Caracas sus victorias, mientras piafa a la puerta, penetrado del maravilloso espíritu de su jinete, el caballo que ha de llevarlo al Ecuador, al Perú, a Bolivia.

Y así habló, en el instante de reposo que Cova con su solemne estatua conmemora; habló como quien de tanto venía y a tanto iba; habló, no como quien se ciñe corona, sino como quien las forja y las regala y no quiere para su frente más que la de luz que le dio naturaleza. No hablaba Bolívar a grandes períodos, sino a sacudidas. De un vuelo de frase, inmortalizaba a un hombre; de un tajo de su palabra, hendía a un déspota. No parecían sus discursos collares de rosas, sino haces de ráfagas. Cuando dice ¡libertad!, no se ve disfraz de hambres políticas, ni trama encantada que deslumbra turbas, sino tajantes que hunde yugos, y sol que nace.

La cabeza de bronce de Cova parece que encaja aún sobre los hombros del que la llevó viva. ¡Oh cabeza armoniosa! La frente, noblemente inflamada, se alza en cúpula; al peso de los pensamientos se ha plegado; al fuego de aquella alma se ha encogido; súrcanla hondas arrugas. En arco se alzan las cejas, como cobijando mundos. Tiene fijos los ojos, más que en los hombres que lo oyen, en lo inmenso, de que vivió siempre enamorado. Las mejillas enjutas echan fuera el labio inferior, blando y grueso, como de amigo de amores, y el superior, contraído, como de hombre perpetuamente triste. La grandeza, luz para los que la contemplan, es horno encendido para quien la lleva, de cuyo fuego muere.

El rostro de bronce, como el de Bolívar aquel día, está bañado de expresión afable: sentirse amado fortalece y endulza. La estatua entera, noblemente compuesta, descansa con la modesta arrogancia de un triunfador conmovido sobre su pedestal desnudo de ornamentos; quien lo es de un continente, no los necesita.

Tiene este bronce tamaños monumentales, pero ni la seductora cabeza perdió con ellos gracia, ni corrección, ni proporción el cuerpo. Si algo difícil tiene la escultura, es una estatua en reposo; apenas hay poetas, ya hagan versos en piedra, en lienzo o en lenguaje, que acierten a expresar la perfecta belleza de la calma, que parece divina y negada al corazón atormentado, a la mente ofuscada y a las manos nerviosas de los hombres.

El alto cuerpo, vestido de gala marcial, se yergue sin embarazo ni dureza; el brazo derecho que, por el uniforme de aquellos años épicos, parece enjuto, se tiende hacia el Senado, atento, que llenaba el día 2 de enero el patio de San Francisco; el izquierdo cae, como para sacar fuerzas del descanso, sobre el sable de fiesta; medalla de honor le cuelga al pecho; las piernas, siempre desgarbadas e innobles, no lo son esta vez, y las rematan, muy bien plegadas, botas de batallar; la mano que empuña el sable invita a acariciarla y a saludar al escultor; la que empuña el papel enrollado acaba airosamente, y con riqueza de detalles, el brazo derecho. El cuello encaja bien entre los duros entorchados. De lado ofrece el bronce buen tipo de hermosura marcial. De espalda, oportuno pilar sobre el que cae la capa de combate en gruesos pliegues, oculta la que, con la casaca y ajustado pantalón que eran de uso en el alba del siglo, hubiera podido parecer menguada porción del cuerpo de tal héroe. El dorso se encorva gallarda y firmemente.

Y la cabeza, armoniosísima, sonríe.

Tal es la estatua hermosa que en cuatro meses de obra, apenado e inquieto, sin dar sueño a los ojos, ni sacar de la masa las manos, ha trabajado sin ayuda, en un cuarto de tres varas en cuadro, Rafael de la Cova, genioso escultor venezolano, devorado de una sed que mata, pero que lleva a la gloria: la sed de lo grande.

Nueva York, junio de 1883.

RAFAEL POMBO

Analizar por entero la obra poética de Rafael Pombo, fuera —y esto es el mayor elogio y la más clara señal de su valer— como hacer el análisis de las cualidades, conflictos y deficiencias de la poesía de Hispanoamérica. Quien en sí condensa un pueblo, es digno de figurar entre los que van a su cabeza. Chocan en Pombo, como en nuestra América, a manera de aguas de un río caudaloso contra los estribos del puente de piedra que les estorban el paso, las novedades, desbordamientos y larguezas del espíritu nuevo —que en América, por las abundancias de la tierra, es aún más libre y osado— con el alma vieja española, que en España va, por ley natural, modificándose y abriéndose al Universo, y en América ¡oh caso singular!, se fosiliza, y resiste a la obra universal, y alimentado por los fanáticos, los de alma caballeresca que se apegan a lo desaparecido, y aquellos en quienes el amor a lo tradicional y pintoresco puede más que el amor a lo humano y justo, perdura erizada y colérica, cuando en su propia patria se ablanda y transforma. Pues a ir nuestros españoles de América a España, como muchos de ellos quisieran, a servir de hijos pródigos, de caballericeros menores o de asistentes de los monteros de Espinosa, o de cargos reales semejantes, con grandes casacas paramentadas o llaves de oro en los faldones, u otros no menos hermosos aditamentos, no tardaría mucho en sentarse el pretendiente don Carlos en el trono. ¡En andas lo llevarían a él, con disgusto y censura de la noble España nueva, estos sumisos y serviles trasamericanos! A España se la puede amar, y los mismos que sentimos todavía sus latigazos sobre el hígado la queremos bien; pero no por lo que fue ni por lo que violó, ni por lo que ella misma ha hecho con generosa indignación abajo, sino por la hermosura de su tierra, carácter sincero y romántico de sus hijos, ardorosa voluntad con que entra ahora en el concierto humano, y razones históricas que a todos se alcanzan, y son como aquéllas que ligan con los padres ignorantes, descuidados o malos, a los hijos buenos.

Ardor como de sacerdote enamorado; piedad que se le desborda y le tiene siempre escondido, como si creyese que con el valer y ventura de los demás ha de valer él más y ser más venturoso, recomiendan, iluminan y acaloran la fertilísima poesía de Pombo. Si ve una flor por tierra, la levanta, y le alisa con cuidado los pétalos, y de su propia vida quisiera darle para reanimarla; si ve un niño, ya se adelanta a acariciarlo; y si ve hermosura femenil, ya le corre por las venas el fuego griego, para deponer después respetuosamente su corazón devastado por las llamas a los pies de la casta hermosura. Del mérito ajeno, ¿quién más orgulloso? No bien halla persona que lo tenga, ya está con los brazos en alto como un almuédano en la torre de la mezquita, dando robustas voces para que la ciudad entera venga a contemplar la maravilla y alabar al Señor; y riñe con aspereza a los menguados o tibios que no comparten con su entusiasmo. ¿Caridad? Está tallado en ella. ¿Amor? ¿Pues qué es éste sino caridad suma por el objeto que se ama? Ningún espíritu extraordinario ama por sí, sino por no causar dolor a los que le han hecho la merced de quererlo. De preferencia inspiran a Pombo lo hermoso y lo débil. Encantadores versos ha escrito, y como de padre amante, para las escuelas y los niños. Su alma es por igual apasionada y honrada; y si fatídica parece a veces su poesía por el abrasante aliento que corre por ella, y la empuja, envuelve y levanta, como raptor impaciente que a trechos se detiene en su fuga para acariciar a su amada, en otras veces, que son las más, de la sofocación virtuosa de esos afectos, que en su expresión vehemente han tenido ya como una imperfecta satisfacción, viénele una belleza original y segura, que es como una nueva manera de hermosura mística. De asir la belleza vive preocupado, y en trabajar ánforas dignas de contenerla pasa la vida; por lo que la pintura, como todas las artes, le cautiva. A sus versos los mira como colores leales, que sin exageración, pero sin tibieza, deben reproducir los espectáculos del espíritu y aquellos análogos y más vastos del Universo: delante de la naturaleza se pone a vaciarla en sus rimas, como el pintor delante del paisaje que intenta traspasar al lienzo. Tan fiel es Pombo a la verdad, y tan amigo de la sobriedad al mismo tiempo, que por lo fiel suele caer en nimio, y por el choque de las ideas torrenciales y este laudable gusto suyo por lo conciso y pictórico, para a veces en irregular y confuso.

De los atrevimientos de su fantasía, que lo echan adelante sin descansos ni miramientos, y de ese sano horror a las palabras inútiles e ideas de relleno, frías a los sentidos y repugnantes al espíritu, como esas mujeres bellas, vacías de alma, que pululan, cual hongos frondosos y emponzoñados, por los caminos de la vida; de las osadías de su mente, en conflicto con escrúpulos de su lenguaje, viene al estilo poético de Pombo esa desigualdad que, aunque provenga del exceso de buenas condiciones, no puede llamarse belleza. Su necesidad de salirse de sí es tal, siente con tanto brío el amor por las formas más elevadas de la hermosura, y le es tan familiar el verso, que muchas veces ha puesto en él, con el desmayo y la oscuridad consiguiente en el ajuste forzado de un pensamiento al lenguaje que no le es natural, lo que hubiera debido estar en prosa. Tales cosas quiere decir a veces, que el verso se le queja, y como que forcejea por escapársele, temeroso de la pesadumbre que le va a caer encima; pero cuando la expresión es deficiente, adivínase bajo ella el bravo pensamiento que se sale por sus grietas y bordes. Y es frecuente verle echar el pensamiento triunfante y encendido por el verso que lo recibe vencido, amoroso. Pombo ha debido sentir muchas veces el goce ardiente del que ase por la melena revuelta a un león y lo postra.

Recibe el talento poético sus dones de las riquezas naturales del país en que aparece, de las condiciones físicas a éste distinguen y del depósito espiritual que los seres humanos que lo han animado con sus amores y padecimientos han ido acumulando en él. La tierra está llena de espíritus. El aire está lleno de almas. Así es cómo se hacen las naciones. Y tal como la montaña, al erguirse sobre el resto de la tierra, levanta en su camino por la altura, hasta que en ella se detiene, la tierra arbolada y florecida, que queda luego vistiendo como falda amable al monte, tal el genio poético, al batir las alas, recoge en ellas, aprieta a su corazón y cierra en él todas las fuerzas y aromas de la tierra en que surge, y con sus enseñanzas, pasiones y dolores, los espíritus de las generaciones desaparecidas que habitan el espacio y desde él empujan a su pueblo y lo vigilan. Ungido nace el poeta, como un rey; investido nace, como un sacerdote. A su pueblo ha de ser fiel, porque de su pueblo recibe las condiciones con que brilla. Y el que de su pueblo reniegue, de las propias alas de su cerebro y entrañas de su entendimiento, sea, como un ladrón, privado.

Nació Pombo con aquellos alientos soberanos; y su mal ha sido el de limitarse a ceñir en formas estrechas y convencionales el rebosante e impaciente espíritu de América, que se puso en él como en uno de sus privilegiados voceros. Crece la lengua dentro de sus propios cauces, y cada espíritu trae sus formas nuevas; que a no haber sido lícito variar las formas, haciendo versos estaríamos ahora a manera de los de la *Danza de la muerte*. Lengua áurea, caudalosa y vibrante habla el espíritu de América, cual conviene a su luminosidad, opulencia y hermosura. O la literatura es cosa vacía de sentido, o es la expresión del pueblo que la crea; los que se limitan a copiar el espíritu de los poetas de allende, ¿no ven que con eso reconocen que no tienen patria, ni espíritu propio, ni son más que sombras de sí mismos, que de limosnas andan vivos por la Tierra? ¡Ah! Es que por cada siglo que los pueblos han llevado cadenas, tardan por lo menos otro en quitárselas de encima.

Necesita la fantasía poderosa y original de Pombo de una lengua pujante y resuelta, adecuada a ella; y ni le cabía en los moldes tradicionales, que a innovar se atrevió, mas no en el grado que debiera; ni sin traición a su genio hubiera podido tampoco ceñirse a ellos tan apretadamente que la novedad y energía de sus visiones quedasen sacrificadas a la mera perfección artística: poeta es éste a quien se ve extender la mano y asir el vacío; águilas siente en torno de la frente, y en el cráneo lleva un águila. De esta oposición entre el pensamiento extraordinario y lujoso y la rima timorata o común originase esa imperfección que en el estilo de Pombo se nota; y por eso en aquellos asuntos de ingenio y ternura, que no son de suyo arrebatados y vehementes, sino flexibles y plácidos, y dejan espacio al entendimiento para que los acomode en lengua castiza, campea el estilo de Pombo con sin igual desenvoltura; que no hay ya entonces aquel combate entre la imaginación americana y el molde trasatlántico; y se le ve dueño de sí; y de sus melodiosos versos se desprende aquella armonía y canción de amor inefable que por fortuna jamás faltan por entero, cuando no se revelan de súbito de manera magnífica, en las más atormentadas de sus composiciones. Sólo una excesiva cultura literaria, dañosa cuando no va acompañada de atrevimiento o fe igual a ella, hubiera podido refrenar con sus escrúpulos y timideces el vuelo de su fantasía, que vino al mundo con túnica ligera como las nubes, corona de rosas blancas y alas de oro.

[1884].

JUAN CARLOS GÓMEZ

Hay seres humanos en quienes el derecho encarna y llega a ser sencillo e invencible, como una condición física. La virtud es en ellos naturaleza, y puestos frente al sol, ni se deslumbrarían, ni se desvanecerían por haber sido soles ellos mismos, y calentado y fortalecido con su amor la tierra. Los apetitos y goces vulgares les parecen crímenes; los hombres que viven para su placer, insectos; la intranquilidad de sus amores es lealtad a un tipo de amor buscado en vano; goces, blandos y espaciosos como la luz de la luna; sus dolores, bárbaros y penetrantes como aquellos hierros de punta retorcida, que no salen de la carne rota sino desgarrándola y amontonándola en escombros rojos. Aman por cuantos no aman; sufren por cuantos se olvidan de sufrir. La humanidad no se redime sino por determinada cantidad de sufrimiento, y cuando unos la esquivan, es preciso que otros la acumulen, para que así se salven todos. De estos hombres fue ese magno del Plata, que acaba de caer, no en la tumba, sino en la apoteosis. Dos pueblos, que no son más que uno, acompañaron a la sepultura su cadáver. Muerto, nadie dice que lo está; que todos lo sienten vivo. Los padres de aquellas tierras hablaron como hermanos al borde de su sepultura. Era llanto de los ojos y festejos de las almas. Es dado a ciertos espíritus ver lo que no todos ven; y allí se vieron como juramentos hechos al cielo azul por espadas de oro; y lágrimas con alas. De esa manera ha sido sepultado, en hombros de todos los hombres buenos del Uruguay y la República Argentina, el que a los dos pueblos trabajó por unir, y en su corazón caluroso los tuvo juntos siempre; porque, como todo espíritu esencial y primario, que por merced de la creación arranca directamente sus ideas de la naturaleza, no entendía que razonzuelas transitorias pudiesen estar por encima de las generosas razones naturales. Para

otros la tierra es un plato de oro, en que se gustan manjares
sabrosos; los hombres, acémilas, buenas para que los afortunados las cabalguen. Juan Carlos Gómez, que es el que acaba
de morir, miraba a cada hombre como una porción de sí
mismo, de cuya vileza era responsable en tanto que no hubiese
trabajado ardientemente para remediarla. El amor era su ley;
y para él, la tierra entera debía ser su brazo.

Sus versos flamean; sus párrafos son estrofas; su vida fue
de polémica grandiosa. Parecía singular caballero, de blanca
armadura, que a anchos golpes de espada lumínea defendía
de la gente invasora el templo de la virtud abandonada. Porque no hay que estudiar a Juan Carlos Gómez como persona
local y de accidente, que devuelve las luces que recibe y brilla
en su tiempo porque lo refleja; sino como persona propia,
que trajo luz consigo y no vivió para acomodarse a su época,
sino para impedirle que se envileciera, y para enderezarla. Para
él no hubo más templo digno de ver de rodillas al hombre que
la naturaleza; y vivió comido de sueños del cielo y amores
humanos. No cabían tampoco sus pensamientos en los moldes
comunes, y creó sin sentirlo una prosa encendida y triunfante,
que no parece de palabras concebidas y dadas a luz en dolor,
como en él fueron, y en todo escritor honrado y sincero son;
sino a manera de ríos de oro de solemnes ondas, que con natural majestad ruedan, agólpanse un momento —para que-
brarlo, u horadarlo, o saltar sobre él—, en torno al obstáculo
que hallan al paso, y siguen su camino victorioso, como si
hubieran dejado tendido por la tierra un estandarte. Hizo urna
magnífica a su espíritu con su lenguaje fulguroso.

Los hechos de su vida quedan para biógrafos menudos. Nació en el Uruguay, cuando éste era del Brasil, en los tiempos
penosos de la Cisplatina; y aunque apenas tenía cinco años
cuando la Banda Oriental se salió de los brazos lusitanos, el
pensamiento de la pasada esclavitud de su patria fue tan vivo
en aquella alma nacida a la epopeya, que llevó durante toda
su existencia la dolorosa memoria, como hubiera llevado un
golpe en la mejilla. Estuvo en Chile. Vivió poco en su patria.
Pasó la mayor parte de su vida en la República Argentina.
Jamás obró por el provecho propio, sino porque no se man-
cillase el decoro humano. Sentía en sí al hombre vivo, y
cuanto atentaba a la libertad o dignidad del hombre le parecía
un atentado a él, y echaba sobre el ofensor su cólera magnífica.
En los diarios escribió su poema: en *El Nacional;* en *Los
Debates.* Con igual ánimo imprecaba al hombre horrible que
tiñó en sangre a Buenos Aires hasta los campanarios, y los
árboles del campo hasta las copas, que a aquellos de su bando
que, luego de abatir el poder del criminal en Monte Caseros,
quisieron aprovecharse en demasía de su triunfo. Cuanto hizo,
nació de su pureza. Por donde iba, iba un pabellón blanco

abierto. Del lado del derecho pasó toda su vida. Y más que
de otros, sufrió de dos males: el de vivir, dotado de un alma
angélica y exquisita cultura, en una época embrionaria...

Pero de este torneo maravilloso, en que a la arremetida de
la lanza de a caballo oponen los contendientes, como un es-
cudo, una idea, y están echando atrás la lanza; de este comercio de los caudillos fuertes que triunfan, imponen y pagan,
y los hombres inteligentes, siempre al principio vencidos que,
por falta de ajuste entre sus conocimientos y tendencias superiores y el estado elemental de sus pueblos, viven en ellos
como sin alimento ni trabajo propios; de este contacto del
vencedor de guerra que corrompe, y el vencido de paz, que
por su misma condición de inteligencia ama la vida holgada
y fastuosa, o necesita de todos modos medios de vida; del aflo-
jamiento en que en presencia de la fuerza y la riqueza caen,
aunque la naturaleza las haya marcado con su sello de luz,
ciertas almas; de todos estos lances e irregularidades de nuestro problema americano, habían de originarse apostasías, mie-
dos y vilezas grandes. Cuál por deslumbramiento, cuál por
amor a los goces de la fortuna, cuál por poquedades de ánimo era frecuente que, como envuelve el toreador, para dis-
traer al animal, su espada de matar en una capa roja, hubiera
hombres de mente que diesen color de idea a los látigos y a
las espadas; y pusieran la cabeza, como los cortesanos desnudos de los reyes de África, a los pies, a menudo ensangren-
tados, de los caudillos vencedores. Vuelcos de alma sentía
Juan Carlos Gómez contra toda esa traílla de gente miedosa
o traidora; y todavía vibra su pluma sobre las frentes que mar-
caba. Era en él el decoro como el pudor debe ser en las mujeres; y resentía toda tentación a su pureza y a la ajena, como
resiente la sensual solicitud de un galán de calle una mujer
honrada. Mientras mayor amenazaba ser este desvío de la
virtud y desconcierto moral que fuera de sí veía y padecía
en sí, como si fuese llaga encendida que le consumiera el
cuerpo, era mayor su enojo sagrado, su discurso más alto y
seguro, su polémica más avasalladora y animosa. Trozos de
rayo, y no palabras, le salían de la pluma. Si le contendían,
pronto estaba él solo, triunfante, como que peleaba en él el
derecho, entre ideas cadáveres.

Que erró alguna vez, ha debido ser; nunca por interés ni
por pasión, sino por engaño honrado. Un dolor parecido al
frenesí le causaba la merma de la virtud en los hombres de su
pueblo, y se le iba entrando por el alma la dolorosa aflic-
ción que se la sacó al cabo del cuerpo. Porque vivía penetran-
temente enamorado de la pureza y hermosura; y quedaba herido de todo golpe que sobre la faz de la tierra se asestaba al
decoro humano...

Sin que dejara ése de ser motivo perpetuo de amargura y contienda para ese caballero de la virtud, duro y centelleador como el brillante, un nuevo dolor, tal como si sintiese que Mesalina se sentaba en su mesa de familia, cayó como una mortaja sobre su alma. La prosperidad que no está subordinada a la virtud, avillana y degrada a los pueblos; los endurece, corrompe y descompone. Del descubrimiento de la ilimitada y fácil riqueza de su territorio, y del saludable afán de buscar satisfacción a las necesidades de la vida, no en el tahalí de un capitán afortunado, sino en las fuerzas de la naturaleza, se engendró naturalmente en la República Argentina un ardoroso espíritu de empresa que, con los beneficios que empezó a dar al punto, y el gusto por la elegancia y la belleza, en todas nuestras tierras espontáneo, creó pronto un vivo amor al fausto, que es afición que en todos los pueblos ha puesto siempre en peligro el decoro. A cada carácter que con las nuevas solicitudes se enturbiaba; a cada caída o vacilación de un ciudadano útil; a cada muestra del predominio del interés en las relaciones usuales, se estremecía aquel anciano de barba gris, límpida frente y ojos penetrantes y melancólicos, como si viera ya, el cinto desatado, el seno ardiente y enjuto, y en el cabello seco las flores corrompidas, reclinada a su patria infeliz junto a la mesa llena de jarros de vino envenenado, en la litera de la orgía romana. A exaltadas imaginaciones y desconfianzas enfermizas le llevaba aquel nobilísimo desasosiego, y el pesar de creer que no podría detener este peligro le fue enflaqueciendo las fuerzas y avecinándolo a la muerte; por ser, el morir de miedo, ante la debilitación de la virtud, remate propio de aquella limpia vida.

Pero estas cosas no perecen, ni deja de haber quien las guarde. La perla está en su concha, y la virtud en el espíritu humano. Afírmase siempre —por la soledad, náusea y hastío que el fausto desnudo produce— la espiritualidad de la existencia. De la tumba en que parece sepultado, se alza con nueva fuerza el espíritu de amor, de desinterés y de concordia. Cuando los gozadores y egoístas, alegres de no ver ya en pie a quien con su exquisita pureza los molestaba y ofendía y por todas partes les iba detrás como un rayo de luz, vienen cantando, con su copa de champaña en las manos, del brazo de sus mancebas de regaladas carnes y sueltas cabelleras, a regocijarse frente a la tumba de aquel testigo, hallan en pie sobre la tumba, armado de coraza radiante, a un hombre nuevo, con el estandarte del que murió enhiesto en las manos. La virtud crece. El honor humano es imperecedero e irreductible, y nada lo desintegra ni amengua, y cuando de un lado se logra oprimirlo y desvanecerlo, salta inflamado y poderoso de otro. ¡Ni qué eran, más que ejército de guardianes, los hombres ilus-

tres y conmovidos que, en procesión seguida de gran número
de gente, acompañaron a Juan Carlos Gómez a su tumba!

Cuanto recuerda y honra, cuanto ama y piensa, cuanto crea
y esculpe, cuanto prevé y prepara, cuanto enseña y estudia,
cuanto anda y protesta, cuanto labora y brilla en la República
Argentina y el Uruguay, ante el cadáver de Juan Carlos Gómez estaba. En las calles, la muchedumbre silenciosa. En el
cementerio, como el mejor tributo, leales damas. ¡Flores fueran las letras de la imprenta, y nosotros dignos de ofrecerlas,
y por ese homenaje exquisito y valeroso se las ofreceríamos!
Hasta las gentes comunes e indiferentes miraban con respeto
y recogimiento el cortejo funerario, y el carro de coronas que
iban en él; y se inclinaban los que todo lo sacrifican a la posesión de la fortuna, al paso de aquél que vivió y murió en
pobreza por no sacrificarle nada ¡cuando todo género de holguras le hubieran venido de torcer alguna vez la pluma! Odian
los hombres y ven como a enemigo al que con su virtud les
echa involuntariamente en rostro que carecen de ella; pero
apenas ven desaparecer a uno de esos seres acumulados y
sumos, que son como conciencias vivas de la humanidad, y
como su medula, se aman y aprietan en sigilo y angustia en
torno del que les dio honor y ejemplo, como si temiesen que,
a pesar de sus columnas de oro, cuando un hombre honrado
muere, la humanidad se venga abajo.

¡Oh, y qué armoniosa y soberana inteligencia acababa de
volar de aquel hermoso cráneo! ¡Con qué claridad vieron sus
ojos que la vida es universal, y todo lo que existe mero grado
y forma de ella, y cada ser vivo su agente, que luego de adelantar la vida general y la suya propia en su camino por la
Tierra, a la naturaleza inmensa vuelve, y se pierde y esparce
en su grandeza y hermosura! Como a madre quería a la naturaleza; que tal hijo no había de tener madre menor. En un
cajón de pino mandó que le enterrasen, para que su cuerpo
entrara más pronto en la tierra... De pie estuvo toda la vida;
ni acostado jamás, ni encorvado. Por la luz tenía un amor
ferviente; y no amaba la noche sino como seno del día. Perse-
guía con los ojos sedientos un ideal de pureza absoluta, y
tenía aquella ternura femenil de todas las almas verdaderamente grandes; y, de no ver a los hombres tan puros como
él quisiera, una tristeza que parecía desolación. Campea mejor su pensamiento artístico en los períodos amplios y gallardos de la prosa que en la estrofa poética, por más que en ana-
logía con su espíritu y el cielo y el río que veían sus ojos fuera
su estanza usual ancha y pomposa; mas se ve bien su alma
en sus versos; y ya es en ellos guerrero pujante, ya paje tími-
do y sencillo, enamorado de su doliente castellana; ya cruzado
que pone a los pies de su señora su casco hendido y su bandera de colores, ya alma arrebatada y altiva que desdeña y

rechaza a las interesadas e insensibles, y a la belleza inútil que no sabe consumirse en el amor y como una copa de ámbar en los altares expirar envolviendo en sus perfumes al ser que ama. Vese en todos sus versos, como en onda confusa, la idea gigantesca: se ve el lomo del monstruo, que sólo de vez en cuando alza, colgada de olas, la cabeza divina. La tristeza, que era en él lo más hondo, le inspiró sus más acabadas estrofas; porque venía en ellas el pensamiento tan verdadero y seguro, que se plegaba a él, vencida, la forma, como a un coloso un carrizo. Y tiene a veces versos que parecen columnas de mármol blanco y elegante que alzan al cielo el capitel florido. A la Tierra la imaginaba llena de luz; a los hombres, con alas. Sentía náusea de placer frívolo, y odio de sí por haberlo gozado. Cayó en exageraciones románticas, porque éstas eran en su tiempo el símbolo y ropaje de la libertad, y una revuelta saludable contra la literatura de peluca y polvos, sustituida de prisa, en tanto que se adquiría el conocimiento de la sana e inspiradora realidad, por una especie de realidad imaginaria; se desbordaba la inspiración romántica por los versos, como mar sacado de madre por las playas, y hacía colosales travesuras, y daba al sol magníficos reflejos, para evaporarse ¡ay! casi toda, por falta de esencia real y condensación en moldes sólidos; templo fue de oro y piedras preciosas, levantado en columnas de espuma. Pero aquel superior sentido suyo de armonía, y casto disgusto de lo vano y hojoso, trajeron pronto a Juan Carlos Gómez, con lo sincero de sus penas, a más vigoroso estilo poético, que solía alzarse, por lo ceñido y conciso, a verdadera majestad. La de su vida fue más igual, eficaz y serena; era de los que tienen a la vez la visión de lo por venir y la prudencia del presente, y por aquélla viven empujados y refrenados por ésta, sin que admitan que las transacciones con la inmoralidad, por mucho que se barnicen y disculpen, sean eficaces para los pueblos, que por ellas ven pospuestos sus intereses a los de los que van conduciendo sus destinos, ni sean honradas en quienes las cometen. Entendía que se fuese por la justicia relativa a la absoluta, pero no que, mermando aquélla, y con lo injusto transigiendo, se acelerase el triunfo de la justicia absoluta. Se le inflamaba el rostro y se le encendía la pluma cada vez que veía en peligro el honor del hombre, y caía sobre el transgresor, como si de la naturaleza hubiera recibido encargo de abatir a todos los enemigos de la virtud. Nunca tuvo que pedir a Dios, como el árabe, que le hiciera ir por el camino recto, porque él iba y se detenía sólo a echar su luz; para detenerle o denunciarle, sobre el que se salía de él. Y en su sepultura pudieran grabarse aquellas tres palabras que grabó el duque de Weimar sobre la tumba de Herder: luz, amor, verdad.

Esplende, con la luz igual a la de la más hermosa escena histórica, la escena de sus funerales en la ciudad de Buenos Aires. Una promesa parecía, hecha al cielo. Los padres de aquellas tierras y los mejores jóvenes hablaron. Con su palabra de grandes círculos y atrevidas alas habló Mitre; habló Sarmiento con la suya inquieta, audaz y misteriosa; y Lucio López con su lengua de colores. Con acentos sacerdotales y proféticos dijo adiós a Juan Carlos, en nombre del Uruguay, el enérgico anciano Carlos Blanco; y con aquel comedimiento y serenidad de la generación que nace se despidió de él Manuel Herrero y Espinosa, como un hijo. No parecían aquéllas meras palabras humanas, sino que flameaban como banderas, apretaban como compromisos, resonaban como tablas de bronce y brillaban como coronas de plata. Se afirma un pueblo que honra a sus héroes.

En un día 25 de mayo, a los clamores de la noble gente moza que acababa de arrebatar de manos de French los trozos de cinta azul y blanca, llamados a ser luego el pabellón de la patria, surgió libre y gloriosa Buenos Aires de su Cabildo timorato. Llama era toda la plaza, cuajada de gente; en hombros de sus amigos y llevados por los vivas, peroraban los ardientes chisperos; ola de fuego el pueblo parecía, y maza cada mano, cada palabra gloria, cada resistencia caña, coraza cada pecho; llegaba al cielo el bravo vocerío; detrás se iba la ola de los chisperos y manolos bravos; ¡es hermoso ver cómo nace la libertad, blanca y avasalladora, de los pechos humanos! Nacía el sol de los pueblos orientales. Juan Carlos Gómez, que murió en día 25, se acostó en la tumba, y tenía derecho de acostarse a los reflejos de aquel sol de mayo.

Nueva York, julio de 1884.

LA POLÍTICA DEL ACOMETIMIENTO

La política tiene sus púgiles. Las costumbres físicas de un pueblo se entran en su espíritu y lo forman a su semejanza. Estos hombres desconsiderados y acometedores, pies en mesa, bolsa rica, habla insolente, puño presto; estos afortunados pujantes, ayer mineros, luego nababs, luego senadores; esta gente búfaga, de rostro colorado, cuello toral, mano de maza, pie chato y ciclópeo; estos aventureros, criaturas de lo imposible, hijos ventrudos de una época gigante, vaqueros rufianes, vaqueros perpetuos; estos mercenarios, nacidos acá como allá, de padres perdidos al viento, de generaciones de deseadores enconados que, al hallarse en una tierra que satisface sus deseos, los expelen más que los cumplen, y se vengan con ira, se repletan, se sacian en la fortuna que viene, de aquella que esperaron generación tras generación, como siervos, que merodean y devastan a la usanza moderna, montados en locomotoras; estos colosales rufianes, elemento temible y tumultuoso de esta tierra sanguínea, emprenden su política de pugilato y, recién venidos de la selva viven en la política, y donde ven un débil comen de él, y veneran en sí la fuerza, única ley que acatan, y se miran como sacerdotes de ella, y como con cierta superior investidura e innato derecho a tomar cuanto su fuerza alcance. En Cartago, estos hombres se asentaban en el palacio de Amílcar, se comían sus bueyes y bebían su vino; se revolcaban ebrios, repletos de germen desocupado, al pie de sus rosales olorosos; se echaban vientre a tierra, cubiertos de oro y de perfumes, y luego se alzaban como la esfinge, las palmas de las manos apoyadas en el césped, en los ojos una mirada redonda, como la de la trilobites, asido entre los dientes el rosal roto; y luego cargados de botín, rugiendo por su soldada, se iban como una plaga, por los campos, a juntarse anca a anca para caer, con las lanzas tendidas y secando a su aliento la tierra, contra la República. La inmigración tumultuosa; la fantástica fortuna que la recibió en el Oeste; la fuerza y riqueza mágicas que surgieron y rebosaron con la guerra, produjeron en los Estados Unidos esas nuevas cohortes de gente de presa, plaga de la República, que arremete y devasta como aquélla. El país bueno la ve con encono, pero alguna vez, envuelto en sus redes, o alumbrado con sus planes, va detrás de ella. Algunos presidentes, como Grant mismo, hecho a tropa y conquista, la aceptan y mantienen, y comercian con ella su apoyo y la accesión de una tierra extranjera. Forman sindicatos, ofrecen dividendos, compran elocuencia e influencia, cercan con lazos invisibles al Congreso, sujetan de la rienda la legislación, como un caballo vencido y, ladrones colosales, acumulan y se reparten ganancias en la sombra. Son los mismos de siempre; siempre con la pechera llena de diamantes; sórdidos, finchados, recios: los senadores los visitan por puertas excusadas; los secretarios los visitan en las horas silenciosas; abren y cierran la puerta a millones: son banqueros privados.

Si los tiempos sólo se prestan a cábalas interiores, urden una camarilla, influyen en los decretos del Gobierno de manera que ayuden a sus fines, levantan por el aire una empresa, la venden mientras excita la confianza pública mantenida por medios artificiales e inmundos, y luego la dejan caen a tierra. Si el Gobierno no tiene más que contratos domésticos en que rapacear, caen sobre los contratos, y pagan suntuosamente a los que les auxiliaren en acapararlos. Caen sobre los Gobiernos, como los buitres, cuando los creen muertos, huyen por donde no se les ve, como los buitres por las nubes arremolinadas, cuando hallan vivo el cuerpo que creyeron muerto. Tienen soluciones dispuestas para todo: periódicos, telégrafos, damas sociales, personajes floridos y rotundos, polemistas ardientes que defienden sus intereses en el Congreso con palabra de plata y magnífico acento. Todo lo tienen: se les vende todo: cuando hallan algo que no se les vende, se coaligan con todos los vendidos, y lo arrollan.

Es un presidio ambulante, con el que bailan las damas en los saraos, y coquetean los prohombres respetuosos, que esperan en su antesala y comen a su mesa. Esta camarilla, que cuando es descubierta en una empresa reaparece en otra, ha estudiado todas las posibilidades de la política, todas las combinaciones que pueden resultar de la política interna, hasta las más problemáticas y extrañas. Como con piezas de ajedrez, estudian de antemano, en sus diversas posiciones, los acontecimientos y sus resultados, y para toda combinación posible de ellos, tienen la jugada lista. Un deseo absorbente les anima siempre, rueda continua de esta tremenda máquina: adquirir:

tierra, dinero, subvenciones, el guano del Perú, los Estados Unidos del norte de México.

Esto quiere ahora la camarilla, que cree ver en la suspensión del pago de las subvenciones a los ferrocarriles americanos, decretada últimamente como medida angustiosa por México, buena ocasión para estimular el descontento... No han hallado todavía, como hubieran hallado en tiempo de Blaine, el camino del Gobierno: la Casa Blanca es ahora honrada. Pero insisten; pero pujan; pero azuzan sin escrúpulo el desconocimiento y desdén con que acá en lo general se mira a la gente latina, y más, por lo más cercana, a la de México, pero acusan falsamente a México de traición, y de liga con los ingleses; pero no pasa día sin que pongan un leño encendido, con paciencia satánica, en la hoguera de los resentimientos.

¡En cuerda pública, descalzos y con la cabeza mondada, deberían ser paseados por las calles esos malvados que amasan su fortuna con las preocupaciones v los odios de los pueblos!

—¡Banqueros no: bandidos!

[1885].

ELOY ESCOBAR

Cansado, acaso, de hacer bien, ha muerto en Venezuela Eloy Escobar, poeta y prosador eximio y tipo perfecto del caballero americano. Hasta el andar revelaba en él benevolencia e hidalguía, porque iba como quien no quiere ser visto, ni tropezar con nadie, y por junto al poderoso pasaba como si no lo viese, no junto al infeliz, para quien salía a pedir prestado. Se entraba en sus paseos de mañana por las casas amigas, llevando a todos rosas con su palabra, que parecía un ramillete de ellas, y luz con su alma ingenua, que acendró en la desdicha su perfume; era como una limpia vela latina, que al fulgor del sol, cuando parece el cielo acero azul, va recalando en las ensenadas de la costa. Aunque hombre de muchos años, tuvo razón para poner cierto afán en esconderlos, porque en realidad no los tenía. Era esbelto y enjuto, de pies y manos finas y vestir siempre humilde; los espejuelos de oro no deslucían la mirada amorosa y profunda de sus ojos pequeños; ostentaba su rostro aquella superior nobleza y espiritual beldad de quien no empaña la inteligencia con el olvido de la virtud, que se venga de quienes la desdeñan negando al rostro la luz, que en vano envidia la inteligencia puesta al servicio del Poder impuro. Era pálido, como su alma: «Musa mía de mi alma — que en mi alma vives, — tú sabes que yo te amo — porque eres triste; — porque tu lira — tiene todas las cuerdas — de la elegía.» Le caía sobre el pecho en bosque la barba.

Fue de aquellos hombres excelsos a quienes el nacer en condición favorecida no estorba a conocer el derecho del humilde; ni la mente postiza, que da la cultura rudimentaria y falsa de las Universidades y los dejos de la Historia echan en los pueblos de Hispanoamérica sobre la mente natural, pudo entibiar nunca en aquel hijo de una casa ilustre el sano amor a la naturaleza, que le revelaba el secreto del heroísmo ameri-

cano, sin buscarlo en Gonzalos o en Cides, y le guió a estudiar
de preferencia aquellos griegos que, más que los latinos, le
conocieron y cantaron, y aquel Luis de León que, por lo ingenuo del sentido y la forma, le parecía maestro cabal, de quien
los que ven poco tienen a Escobar por mero imitador, cuando
lo que quería él, enamorado de la poesía nueva de América
como de la gracia libre antigua, era «promover una feliz y con-
certada unión entre la literatura erudita española y la nuestra,
tan desmayada de aquel vigor olímpico, y escasa también de
los giros de una sintaxis más flexible y fuerte, y de tantos nobles vocablos que ya damos por seniles inconsultamente, y
modos y frases adverbiales, y partículas que, como blanco
aljófar, esmaltan la elocución poética de los príncipes del Par-
naso español, y tantas bellezas, en fin, y figuras y galas retó-
ricas preciosas». Así es como pudo decir, celebrando en la
lira de fray Luis la novela india *Anaida,* de José Ramón Yepes:

> Y vuelva a la memoria
> de la presente edad el ultrajado
> Inca de infausta historia,
> el cacique esforzado
> y el dolor de aquel pueblo aún no llorado.

La gracia, el infortunio y la virtud eran sus musas; y su
don especial el de ver la elegancia del dolor, acaso porque
llevaba el suyo como lleva el caballero de raza el guante blanco. De las flores, la violeta y la adelfa; del día, el crepúsculo;
de las fiestas, la mañana de Pascuas; de los sucesos del mundo, jamás canta al amigo encumbrado, sino al que muere, ni
al que llega, sino al que se despide; va por las calles siguiendo
con el alma ansiosa la nube que se deshace o el ave que desa-
parece, y encuentra siempre modo nuevo, y como fragante,
de comparar la pena humana a la de la naturaleza, y sacar de
ella el consuelo. Anticuaba sus giros de propósito; pero esto
era como artística protesta contra el dialecto becqueriano que
se ha puesto de moda entre los poetas, o contra ese pampa-
noso estilo de la prosa heroica y altisonante que en nuestras
tierras, so pretexto de odas y de silvas, ha llegado a reemplazar aquel candor, esencia y música, breves por su misma ex-
celsitud, que son las dotes de la legítima poesía. Él quería
labrar ánforas de oro para guardar el aroma del amor, veteado
de sangre como los jacintos, y la gota de rocío, y la de llanto.
No rehuía la pompa; pero había de ser ésa que trae como
ornamento propio la grandeza, y se trabaja años para que
pueda durar siglos. Es su poesía como mesa de roble, de aquellas macizas y sonoras de la vieja hechura, donde se hubiesen
reunido, por capricho del azar, una espada de 1810, un abanico de concha y oro con el país de seda y un vaso de flores.

No era de los que, deslumbrados por la apariencia multiforme de la sabiduría moderna, acaparan sin orden y de prisa conocimientos de mucha copa y escasa raíz, con lo que por su peso excesivo se vienen a tierra, como esos árboles de pega que suelen clavar en las calles de los pueblos los días de fiestas públicas, para que parezca alameda lo que no tiene álamos; antes era Escobar de los dichosos que entienden que sabe más del mundo el que percibe su belleza y armonía moral que el que conoce el modo de aparecer, lidiar y sobrevivir de las criaturas que lo habitan. Ni era de esos literatos de índice y revista, muy capaces de refreír en sartenes lustrosos materiales ajenos, pero menos conocedores de la belleza verdadera, y menos dispuestos para gozarla que los que, con Escobar, estudiaron la literatura con maestros depurados en el griego y el latín, no para órdenes y giros, sino para aprender, como con lo griego se aprende, que sólo en la verdad, directamente observada y sentida, halla medula el escritor e inspiración el poeta.

Así se iba él, recordando y soñando, por aquel valle real, más bello que los de Claudio de Lorena, en que levantaba, a la falda del Ávila azulado, su pintoresco caserío Caracas; o «de codos en el puente», como Milanés, pasaba horas mirando a las hondas barrancas del Anauco juguetón, que corretea por entre la ciudad, vestido de flores, como un pastor travieso; o engañaba los domingos en paseos amables por las cercanías, recordando, del brazo de un amigo, las hazañas de Páez, o los discursos de aquel otro llanero Sotillo, que no sabía hablar del pueblo sino a caballo y con la lanza, o los días de oro en que su amiga Elena Hahn (1), como aquella maga que sacaba flor con su mirada al ramo seco, reunía a sus pies el ingenio, el valor y la poesía, de cuyas fiestas y certámenes hablaba Escobar con la ternura con que el amante respetuoso alza del fondo del cofre de sándalo el ramo de violetas secas. Y fue lo singular que en aquella alma fina, tan mansa en la ternura como magnífica en la indignación, residían por igual, como en todo hombre verdaderamente superior, la poesía y el juicio, y la misma florida imaginación que compuso cuadros magistrales en la *Elegía a Vargas,* o en la «Lira» al caballeresco Carlos Madriz, adivinaba con tal viveza los móviles de los hombres y el poder del interés en sus actos, que en el oficio de corredor a que lo llevó la fortuna no había quien combinase una proporción de remate de la deuda con más habilidad, ni comprador más cauto o consejero más feliz que este insigne poeta.

(1) Elena Echenagucia de Hahn, madre del compositor venezolano-francés Reynaldo Hahn.

Pero lo que ganaba en este oficio, ¿llegaría a manos de aquellas hijas que eran la corona de su vejez, o se quedaría al paso en las manos de un amigo? En las del amigo solía quedarse, aun cuando no fuese menos la necesidad en la casa propia donde, sin recordar lo que había dado, se preparaba, dando paseos o recitando versos, a salir vencedor sobre los negociantes de oficio en el remate de la tarde. Y era de ver cómo, cuando sentía el alma a sus anchas, padecía hasta llorar por las desdichas de sus amigos: «¡Que en esto se vean estas almas de príncipe!» «¡Que este hombre, que es la misma virtud, tenga que empeñar en su tierra el reloj para comer!» «¿Qué somos, sino sombras, los que no hemos tenido miedo a ser honrados?» «¡Me habría muerto ya de la tristeza que veo, si no fuera yo como los árboles, que tienen el corazón en el tronco!» «¡Busco, sí, busco, en emociones locas y ligeras, la satisfacción del anhelo mortal de la hermosura y el olvido de la pena pública!» «¿A Tal? Sí, conozco a Tal; es como aquellas malezas que son por de fuera todo fragancia y verdor, y bajo cuya mentida lozanía, replegándose para saltar sobre el viandante con más fuerza, se esconde la serpiente.» «Cuando entré en las bóvedas a ver a Heraclio Guardia, me parecía que se pegaban a la frente dos alas de búho.» «¡Vengan, hijas mías, vengan a decir adiós a este huésped que se nos va de nuestra tierra: y denle para que se lleve lo mejor que tengamos!» Y la hija mayor entró en la sala conmovida, trayendo en las manos una caja de nácar. ¡Así eran, oh Carmen, los versos de tu padre! ¡Así, pura en la adversidad, fue su alma egregia!

Nueva York, febrero de 1888.

TRES HÉROES

Cuentan que un viajero llegó un día a Caracas al anochecer,
y sin sacudirse el polvo del camino, no preguntó dónde se
comía ni se dormía, sino cómo se iba a donde estaba la estatua de Bolívar. Y cuentan que el viajero, solo con los árboles
altos y olorosos de la plaza, lloraba frente a la estatua, que
parecía que se movía, como un padre cuando se le acerca un
hijo. El viajero hizo bien, porque todos los americanos deben
querer a Bolívar como a un padre. A Bolívar y a todos los
que pelearon como él porque la América fuese del hombre
americano. A todos: al héroe famoso y al último soldado, que
es un héroe desconocido. Hasta hermosos de cuerpo se vuelven
los hombres que pelean por ver libre a su patria.

Libertad es el derecho que todo hombre tiene a ser honrado, y a pensar y a hablar sin hipocresía. En América no se
podía ser honrado, ni pensar ni hablar. Un hombre que oculta
lo que piensa, o no se atreve a decir lo que piensa, no es un
hombre honrado. Un hombre que obedece a un mal Gobierno,
sin trabajar para que el Gobierno sea bueno, no es un hombre honrado. Un hombre que se conforma con obedecer a leyes injustas, y permite que pisen el país en que nació hombres
que se lo maltratan, no es un hombre honrado. El niño, desde que puede pensar, debe pensar en todo lo que ve, debe
padecer por todos los que no pueden vivir con honradez, debe
trabajar porque puedan ser honrados todos los hombres, y
debe ser un hombre honrado. El niño que no piensa en lo
que sucede a su alrededor, y se contenta con vivir, sin saber
si vive honradamente, es como un hombre que vive del trabajo de un bribón y está en camino de ser bribón. Hay hombres que son peores que las bestias, porque las bestias necesitan ser libres para vivir dichosas: el elefante no quiere tener
hijos cuando vive preso; la llama del Perú se echa en la tierra

y se muere cuando el indio le habla con rudeza o le pone más carga de la que puede soportar. El hombre debe ser por lo menos tan decoroso como el elefante y como la llama. En América se vivía antes de la libertad como la llama que tiene mucha carga encima. Era necesario quitarse la carga, o morir.

Hay hombres que viven contentos aunque vivan sin decoro. Hay otros que padecen como en agonía cuando ven que los hombres viven sin decoro a su alrededor. En el mundo ha de haber cierta cantidad de decoro, como ha de haber cierta cantidad de luz. Cuando hay muchos hombres sin decoro, hay siempre otros que tienen en sí el decoro de muchos hombres. Ésos son los que se rebelan con fuerza terrible contra los que les roban a los pueblos su libertad, que es robarles a los hombres su decoro. En esos hombres van miles de hombres, va un pueblo entero, va la dignidad humana. Esos hombres son sagrados. Estos tres hombres son sagrados: Bolívar, de Venezuela; San Martín, del Río de la Plata; Hidalgo, de México. Se les deben perdonar sus errores, porque el bien que hicieron fue más que sus faltas. Los hombres no pueden ser más perfectos que el Sol. El Sol quema con la misma luz con que calienta. El Sol tiene manchas. Los desagradecidos no hablan más que de las manchas. Los agradecidos hablan de la luz.

Bolívar era pequeño de cuerpo. Los ojos le relampagueaban, y las palabras se le salían de los labios. Parecía como si estuviera esperando siempre la hora de montar a caballo. Era su país, su país oprimido, que le pesaba en el corazón, y no le dejaba vivir en paz. La América entera estaba como despertando. Un hombre solo no vale nunca más que un pueblo entero; pero hay hombres que no se cansan cuando su pueblo se cansa, y que se deciden a la guerra antes que los pueblos, porque no tienen que consultar a nadie más que a sí mismos, y los pueblos tienen muchos hombres, y no pueden consultarse tan pronto. Ése fue el mérito de Bolívar: que no se cansó de pelear por la libertad de Venezuela, cuando parecía que Venezuela se cansaba. Lo habían derrotado los españoles: lo habían echado del país. Él se fue a una isla, a ver su tierra de cerca, a pensar en su tierra.

Un negro generoso lo ayudó cuando ya no lo quería ayudar nadie. Volvió un día a pelear, con trescientos héroes, con los trescientos libertadores. Libertó a Venezuela. Libertó a la Nueva Granada. Libertó al Ecuador. Libertó al Perú. Fundó una nación nueva, la nación de Bolivia. Ganó batallas sublimes con soldados descalzos y medio desnudos. Todo se estremecía y se llenaba de luz a su alrededor. Los generales peleaban a su lado con valor sobrenatural. Era un ejército de jóvenes.

Jamás se peleó tanto, ni se peleó mejor en el mundo, por la libertad. Bolívar no defendió con tanto fuego el derecho de los hombres a gobernarse por sí mismos, como el derecho de América a ser libre. Los envidiosos exageraron sus defectos. Bolívar murió de pesar del corazón, más que de mal del cuerpo, en la casa de un español en Santa Marta. Murió pobre, y dejó una familia de pueblos.

México tenía mujeres y hombres valerosos, que no eran muchos, pero valían por muchos: media docena de hombres y una mujer preparaban el modo de hacer libre a su país. Eran unos cuantos jóvenes valientes, el esposo de una mujer liberal, y un cura de pueblo que quería mucho a los indios, un cura de sesenta años. Desde niño fue el cura Hidalgo de la raza buena, de los que quieren saber. Los que no quieren saber son de la raza mala. Hidalgo sabía francés, que entonces era cosa de mérito, porque lo sabían pocos. Leyó los libros de los filósofos del siglo XVIII, que explicaron el derecho del hombre a ser honrado, y a pensar y a hablar sin hipocresía. Vio a los negros esclavos, y se llenó de horror. Vio maltratar a los indios, que son tan mansos y generosos, y se sentó entre ellos como un hermano viejo, a enseñarles las artes finas que el indio aprende bien: la música, que consuela; la cría del gusano que da la seda; la cría de la abeja que da miel. Tenía fuego en sí, y le gustaba fabricar: creo hornos para cocer los ladrillos. Le veían lucir mucho de cuando en cuando los ojos verdes. Todos decían que hablaba muy bien, que sabía mucho nuevo, que daba muchas limosnas el señor cura del pueblo de Dolores. Decían que iba a la ciudad de Querétaro una que otra vez, a hablar con unos cuantos valientes y con el marido de una buena señora. Un traidor le dijo a un comandante español que los amigos de Querétaro trataban de hacer a México libre. El cura montó a caballo, con todo su pueblo, que lo quería como a su corazón; se le fueron juntando los caporales y los sirvientes de las haciendas, que eran la caballería; los indios iban a pie, con palos y flechas, o con hondas y lanzas.

Se le unió un regimiento y tomó un convoy de pólvora que iba para los españoles. Entró triunfante en Celaya, con música y vivas. Al otro día juntó el Ayuntamiento, lo hicieron general, y empezó un pueblo a nacer. Él fabricó lanzas y granadas de mano. Él dijo discursos que dan calor y echan chispas, como decía un caporal de las haciendas. Él devolvió sus tierras a los indios. Él publicó un periódico que llamó *El Despertador Americano*. Ganó y perdió batallas. Un día se le juntaban siete mil indios con flechas, y al otro día lo dejaban solo. La mala gente quería ir con él para robar en los pueblos y para vengarse de los españoles. Él les avisaba a los jefes españoles que si los vencía en la batalla que iba a darles los recibiría en su casa como amigos. ¡Eso es ser grande! Se atrevió a ser magnánimo, sin miedo a que lo abandonase la soldadesca, que quería que fuese cruel. Su compañero Allende tuvo celos de él, y él le cedió el mando a Allende. Iban juntos buscando amparo en su derrota cuando los españoles les cayeron encima. A Hidalgo le quitaron uno a uno, como para ofenderlo, los vestidos de sacerdote. Lo sacaron detrás de una tapia, y le dispararon los tiros de muerte a la cabeza. Cayó vivo, revuelto en la sangre, y en el suelo lo acabaron de matar. Le cortaron la cabeza y la colgaron en una jaula, en la Alhóndiga misma de Granaditas, donde tuvo su Gobierno. Enterraron los cadáveres descabezados. Pero México es libre.

San Martín fue el libertador del Sur, el padre de la República Argentina, el padre de Chile. Sus padres eran españoles, y a él lo mandaron a España para que fuese militar del rey. Cuando Napoleón entró en España con su ejército, para quitarles a los españoles la libertad, los españoles todos pelearon contra Napoleón: pelearon los viejos, las mujeres, los niños; un niño valiente, un catalancito, hizo huir una noche a una compañía, disparándole tiros y más tiros desde un rincón del monte: al niño lo encontraron muerto de hambre y de frío; pero tenía en la cara como una luz, y sonreía, como si estuviese contento. San Martín peleó muy bien en la batalla de Bailén, y lo hicieron teniente coronel.

Hablaba poco; parecía un acero; miraba como un águila; nadie lo desobedecía; su caballo iba y venía por el campo de pelea como el rayo por el aire. En cuanto supo que América peleaba para hacerse libre, vino a América: ¿qué le importaba perder su carrera, si iba a cumplir con su deber? Llegó a Buenos Aires; no dijo discursos: levantó un escuadrón de caballería. En San Lorenzo fue su primera batalla; sable en mano se fue San Martín detrás de los españoles, que venían muy seguros, tocando el tambor, y se quedaron sin tambor, sin cañones y sin bandera. En los otros pueblos de América los españoles iban venciendo: a Bolívar lo había echado Morillo el cruel de Venezuela; Hidalgo estaba muerto: O'Higgins salió huyendo de Chile; pero donde estaba San Martín siguió siendo libre la América. Hay hombres así, que no pueden ver esclavitud. San Martín no podía; y se fue a libertar a Chile y al Perú. En dieciocho días cruzó con su ejército los Andes altísimos y fríos: iban los hombres como por el cielo. Hambrientos, sedientos; abajo, muy abajo, los árboles parecían hierba, los torrentes rugían como leones. San Martín se encuentra al ejército español y lo deshace en la batalla de Chacabuco, lo derrota para siempre en la batalla de Maipo.

Liberta a Chile. Se embarca con su tropa, y va a libertar el
Perú. Pero en el Perú estaba Bolívar, y San Martín le cede
la gloria. Se fue a Europa triste, y murió en brazos de su hija
Mercedes. Escribió su testamento en una cuartilla de papel,
como si fuera el parte de una batalla. Le habían regalado el
estandarte que el conquistador Pizarro trajo hace cuatro siglos, y él le regaló el estandarte, en el testamento, al Perú.

Un escultor es admirable, porque saca una figura de la piedra bruta; pero esos hombres que hacen pueblos son como
más que hombres. Quisieron algunas veces lo que no querían
querer; pero ¿qué no le perdonará un hijo a su padre? El corazón se llena de ternura al pensar en esos gigantescos fundadores. Ésos son héroes: los que padecen en pobreza y desgracia por defender una gran verdad. Los que pelean por la ambición, por hacer esclavos a otros pueblos, por tener más
mando, por quitarle a otro pueblo sus tierras, no son héroes,
sino criminales.

[*La Edad de Oro*, I, julio de 1889.]

HEREDIA

Discurso pronunciado en el Hardman Hall (Nueva York) el 30 de noviembre de 1889.

Señoras y señores:
Con orgullo y reverencia empiezo a hablar, desde este puesto que de buen grado hubiera cedido, por su dificultad excesiva, a quien, con más ambición que la mía y menos temor de su persona, hubiera querido tomarlo de mí, si no fuera por el mandato de la patria, que en este puesto nos manda estar hoy, y por el miedo de que el que acaso despertó en mi alma, como en la de los cubanos todos, la pasión inextinguible por la libertad, se levante en su silla de gloria, junto al Sol que él cantó frente a frente, y me tache de ingrato. Muchas pompas y honores tiene el mundo, solicitados con feo afán y humillaciones increíbles por los hombres: yo no quiero para mí más honra, porque no la hay mayor, que la de haber sido juzgado digno de recoger en mis palabras mortales el himno de ternura y gratitud de estos corazones de mujer y pechos de hombre al divino cubano, y enviar con él el pensamiento, velado aún por la vergüenza pública, a la cumbre donde espera, en vano quizás, su genio inmarcesible, con el trueno en la diestra, el torrente a los pies, sacudida la capa de tempestad por los vientos primitivos de la creación, bañado aún de las lágrimas de Cuba el rostro.
Nadie esperará de mí, si me tiene por discreto, que por ganar fama de crítico sagaz y puntilloso, rebaje esta ocasión, que es de agradecimiento y tributo, al examen —impropio de la fiesta y del estado de nuestro ánimo— de los orígenes y factores de mera literatura, que de una ojeada ve por sí quien conozca los lances varios de la existencia de Heredia, y los tiempos revueltos y enciclopédicos, de jubileo y renovación

del mundo, en que le tocó vivir. Ni he de usurpar yo, por lucir
las pedagogías, el tiempo en que sus propias estrofas, como
lanzas orladas de flores, han de venir aquí a inclinarse, corte-
ses y apasionadas, ante la mujer cubana, fiel siempre al genio
y a la desdicha, y echando de súbito iracundas las rosas por el
suelo, a repetir ante los hombres, turbados en estos tiempos de
virtud escasa e interés tentador, los versos, magníficos como
bofetones, donde profetiza:

> Que si un pueblo su dura cadena
> no se atreve a romper con sus manos,
> puede el pueblo mudar de tiranos
> pero nunca ser libre podrá.

Yo no vengo aquí como juez, a ver cómo se juntaron en él
la educación clásica y francesa, el fuego de su alma, y la
época, accidentes y lugares de su vida; ni en qué le aceleraron
el genio la enseñanza de su padre y la odisea de su niñez; ni
qué es lo suyo, o lo reflejo, en sus versos famosos; ni apuntar
con dedo inclemente la hora en que, privada su alma de los
empleos sumos, repitió en cantos menos felices sus ideas primeras, por hábito de producir, o necesidad de expresarse, o
gratitud al pueblo que lo hospedaba, o por obligación política.
Yo vengo aquí como hijo desesperado y amoroso, a recordar
brevemente, sin más notas que las que le manda poner la gloria, la vida del que cantó, con majestad desconocida, a la
mujer, al peligro y a las palmas.

Donde son más altas las palmas en Cuba nació Heredia:
en la infatigable Santiago. Y dicen que desde la niñez, como
si el espíritu de la raza extinta le susurrase sus quejas y le
prestara su furor, como si el último oro del país saqueado le
ardiese en las venas, como si a la luz del sol del trópico se
le revelasen por merced sobrenatural las entrañas de la vida,
brotaban de los labios del «niño estupendo» el anatema viril,
la palabra sentenciosa, la oda resonante. El padre, con su
mucho saber, y con la inspiración del cariño, ponía ante sus
ojos, ordenados y comentados, los elementos del orbe, los
móviles de la humanidad y los sucesos de los pueblos. Con la
toga de juez abrigaba, de la fiebre del genio, a aquel hijo pre-
coz. A Cicerón le enseñaba a amar, y amaba él más, por su
naturaleza artística y armoniosa, que a Marat y a Fouquier
Tinville. El peso de las cosas enseñaba el padre, y la necesidad
de impelerlas con el desinterés, y fundarlas con la moderación.
El latín que estudiaba con el maestro Correa no era el de
Séneca difuso, ni el de Lucano verboso, ni el de Quintiliano,
lleno de alamares y de lentejuelas, sino el de Horacio, de clara
hermosura, más bello que los griegos, porque tiene su elegancia sin su crudeza, y es vino fresco tomado de la uva, con

el perfume de las pocas rosas que crecen en la vida. De Lucrecio era por la mañana la lección de don José Francisco, y por la noche de Humboldt. El padre y sus amigos de sobremesa dejaban, estupefactos, caer el libro. ¿Quién era aquél que lo traía todo en sí? Niño, ¿has sido rey, has sido Ossián, has sido Bruto? Era como si viese el niño batallas de estrellas, porque le lucían en el rostro los resplandores. Había centelleo de tormenta y capacidad de cráter en aquel genio voraz. La palabra, esencial y rotunda, fluía, adivinando las leyes de la luz o comentando las peleas de Troya, de aquellos labios de nueve años. Preveía, con sus ojos de fuego, del martirio a que los hombres, denunciados por el esplendor de la virtud, someten al genio, que osa ver claro de noche. Sus versos eran la religión y el orgullo de la casa. La madre, para que no se los interrumpieran, acallaba los ruidos. El padre le apuntalaba las rimas pobres. Le abrían todas las puertas. Le ponían, para que viese bien a escribir, las mejores luces del salón. ¡Otros han tenido que componer sus primeros versos entre azotes y burlas, a la luz del coyuyo inquieto y de la Luna cómplice!...: los de Heredia acababan en los labios de su madre, y en los brazos de su padre y de sus amigos. La inmortalidad comenzó para él en aquella fuerza y seguridad de sí que, como lección constante de los padres duros, daba a Heredia el cariño de la casa.

Era su padre oidor, y persona de consejo y benevolencia, por lo que lo escogieron, a más de la razón de su nacimiento americano, para ir a poner paz en Venezuela, donde Monteverde, con el favor casual de la naturaleza, triunfaba de Miranda, harto sabio para guerra en que el acometimiento hace más falta, y gana más batallas que la sabiduría; en Venezuela, donde acababa de enseñarse al mundo, desmelenado y en pie sobre las ruinas del templo de San Jacinto, el creador, Bolívar. Reventaba la cólera de América, y daba a luz, entre escombros encendidos, al que había de vengarla. De allá del Sur venía, de cumbre en cumbre, el eco de los cascos del caballo libertador de San Martín. Los héroes se subían a los montes para divisar el porvenir y escribir la profecía de los siglos al resplandor de la nieve inmaculada. La niñez, más que el amor filial, refrenaba al héroe infeliz, que lloraba a sus solas, en su desdicha de once años, porque no le llegaban los pies traidores al estribo del caballo de pelear. Y allí oyó contar de los muertos por la espalda, de los encarcelados que salían de la prisión recogiéndose los huesos, de los embajadores de barba blanca que había clavado el asturiano horrible a lanzazos contra la pared. Oyó decir de Bolívar, que se echó a llorar cuando entraba triunfante en Caracas, y vio que salían a recibirlo las caraqueñas vestidas de blanco, con coronas de flores. De un **Páez** oyó contar que se quitaba los grillos de los pies, y con

los grillos vapuleaba a sus centinelas. Oyó decir que habían
traído a la ciudad en una urna, con las banderas desplegadas
como en día de fiesta, el corazón del bravo Girardot. Oyó que
Ricuarte, para que Boves no le tomara el parque, sobre el
parque se sentó, y voló con él. Venezuela, revuelta en su
sangre, se retorcía bajo la lanza de Boves... Vivió luego en
México, y oyó contar de una cabeza de cura, que daba luz de
noche, en la picota donde el español la había clavado. ¡Sol
salió aquella alma, sol devastador y magnífico, de aquel tro-
quel de diamante!

Y volvió a Cuba. El pan le supo a villanía, la comodidad
a robo, el lujo a sangre. Su padre llevaba bastón de carey, y
él también, comprado con el producto de sus labores de juez y
de abogado nuevo en una sociedad vil. El que vive de la in-
famia o la codea en paz, es un infame. Abstenerse de ella
no basta: se ha de pelear contra ella. Ver en calma un crimen,
es cometerlo. La juventud convida a Heredia a los amores: la
condición favorecida de su padre, y su fama de joven extraordinario, traen clientes a su bufete: en las casas ricas le oyen
con asombro improvisar, sobre cuarenta pies diversos, cuarenta
estrofas: «¡Ése es Heredia!», dicen por las calles, y en las
ventanas de las casas, cuando pasa él, las cabezas hermosas
se juntan, y dicen bajo, como el más dulce de los premios:
«¡Ése es Heredia!» Pero la gloria aumenta el infortunio de
vivir, cuando se la ha de comprar al precio de la complicidad
con la vileza: no hay más que una gloria cierta, y es la del
alma que está contenta de sí. Grato es pasear bajo los man-
gos, a la hora deliciosa del amanecer, cuando el mundo parece
como que se crea, y que sale de la nada el sol, con su ejército
de pájaros vocingleros, como en el primer día de la vida: ¿pero
qué «mano de hierro» le oprime en los campos cubanos el
pecho? Y en el cielo, ¿qué mano de sangre? En las ventanas
dan besos, y aplausos en las casas ricas, y la abogacía mana
oro; pero al salir del banquete triunfal, de los estrados elo-
cuentes, de la cita feliz, ¿no chasquea el látigo, y pide clemencia a un cielo que no escucha la madre a quien quieren
ahogarle con azotes los gritos con que llama al hijo de su
amor? El vil no es el esclavo, ni el que no ha sido, sino el
que vio este crimen y no jura ante el tribunal certero que
preside en las sombras, hasta sacar del mundo la esclavitud
y sus huellas. ¿Y la América libre, y toda Europa coronán-
dose con la libertad, y Grecia misma resucitando, y Cuba, tan
bella como Grecia, tendida así entre hierros, mancha del mundo, presidio rodeado de agua, rémora de América? Si entre
los cubanos vivos no hay tropa bastante para el honor, ¿qué
hacen en la playa los caracoles, que no llaman a guerra a los
indios muertos? ¿Qué hacen las palmas, que gimen estériles, en
vez de mandar? ¿Qué hacen los montes, que no se juntan

falda contra falda, y cierran el paso a los que persiguen a los héroes? En tierra peleará, mientras haya un palmo de tierra, y cuando no lo haya, todavía peleará, de pie en la mar. Leónidas desde las Termópilas, desde Roma Catón, señalan el camino a los cubanos. «¡Vamos, Hernández!» De cadalso en cadalso, de Estrampes en Agüero, de Plácido en Benavides, erró la voz de Heredia, hasta que un día, de la tiniebla de la noche, entre cien brazos levantados al cielo, tronó en Yara. Ha desmayado luego, y aún hay quien cuente, donde no se anda al sol, que va a desaparecer. ¿Será tanta entre los cubanos la perversión y la desdicha, que ahoguen, con el peso de su pueblo muerto por sus propias manos, la voz de su Heredia?

Entonces fue cuando vino a Nueva York, a recibir la puñalada del frío, que no sintió cuando se le entró por el costado, porque de la pereza moral de su patria hallaba consuelo, aunque jamás olvido, en aquellas ciudades ya pujantes donde, si no la República universal que apetecía su alma generosa, imperaba la libertad en una comarca digna de ella. En la Historia profunda sumergió el pensamiento: estudió maravillado los esqueletos colosales; aterido junto a su chimenea, meditaba en los tiempos, que brillan y se apagan; agigantó en la soledad su mente sublime; y cuando, como quien se halla a sí propio, vio despeñarse a sus pies, rotas en luz, las edades del agua, el Niágara portentoso le reveló, sumiso, su misterio, y el poeta adolescente de un pueblo desdeñado halló, de un vuelo, el sentido de la naturaleza que en siglos de contemplación no habían sabido entender con tanta majestad sus propios habitantes.

México es tierra de refugio, donde todo peregrino ha hallado hermano; de México era el prudente Osés, a quien escribía Heredia, con peso de senador, sus cartas épicas de joven; en casa mexicana se leyó, en una mesa que tenía por adorno un vaso azul lleno de jazmines, el poema galante sobre el «Mérito de las mujeres»; de México lo llama, a compartir el triunfo de la carta liberal, más laborioso que completo, el presidente Victoria, que no quería ver malograda aquella flor de volcán en la sepultura de las nieves... Y al ver de nuevo aquellas playas hospitalarias y belicosas, aquellos valles que parecen la mansión desierta de un olimpo que aguarda su rescate, aquellos montes que están, en la ausencia de sus dioses, como urnas volcadas, aquellas cúspides que el sol tiñe en su curso de plata casta, y violeta amorosa, y oro vivo, como si quisiera la creación mostrar sus favores y especial ternura por su predilecta naturaleza, creyó que era allí donde podía, no en el Norte egoísta, hallar en la libertad el mismo orden solemne de las llanuras, guardadas por la centinela de los volcanes; sube con pie de enamorado a la soledad donde pidieron en vano al cielo su favor contra Cortés los reyes muertos, a la hora en que se abren en la bóveda tenebrosa las «fuentes de luz»; y acata, antes que a los grandes de la tierra, a los montes que se levantan, como espectros que no logran infundirle pavor, en la claridad elocuente de la luna.

México lo agasaja como él sabe, le da el oro de sus corazones y de su café, sienta a juzgar en la silla togada al forastero que sabe de Historia como de leyes y pone alma de Volney al épodo de Píndaro. Los magistrados lo son de veras, allí donde en el aire mismo andan juntos la claridad y el reposo: y a él lo proclaman magistrado natural, sin ponerle reparos por la juventud, y lo sientan a la mesa como hermano. La tribuna tiene allí próceres; y le ceden la voz los oradores del país, y lo acompañan con palmas. La poesía tiene allí pontífices: y andan todos buscándole el brazo. Las hermosuras, también allí, exhalan al paso de poeta, trémulas, su aroma... ¿Qué tiene su poesía, que sólo cuando piensa en Cuba da sus sones reales; y cuando ensaya otro tema que el de su dolor, o el del mar que lo lleva a sus orillas, o el del huracán con cuyo ímpetu quiere arremeter contra los tiranos, le sale como poesía de juez, difícil y perezosa, con florones caídos y doseles a medio color, y no, como cuando piensa en Cuba, coronada de rayos?... En su patria piensa cuando dedica su tragedia *Tiberio* a Fernando VII, con frases que escaldan: en su patria, cuando con sencillez imponente dibuja en escenas ejemplares la muerte de «Los últimos romanos». ¡No era, no, en los romanos en quienes pensaba el poeta, vuelto ya de sus más caras esperanzas! Por su patria había querido él, y por la patria mayor de nuestra América, que las Repúblicas libres echaron los brazos al único pueblo de la familia emancipada que besaba aún los pies del dueño enfurecido: «¡Vaya —decía— la América libre a rescatar la isla que la naturaleza le puso de pórtico y guarda!» Piafaba aún, cubierto de espuma, el continente, flamígero el ojo y palpitantes los ijares, de la carrera en que habían paseado el estandarte del sol San Martín y Bolívar: ¡entre en la mar el caballo libertador, y eche de Cuba, de una pechada, al déspota mal seguro! Y ya ponía Bolívar el pie en el estribo, cuando un hombre que hablaba inglés, y que venía del Norte con papeles de Gobierno, le asió el caballo de la brida y le habló así: «¡Yo soy libre, tú eres libre; pero ese pueblo que ha de ser mío, porque lo quiero para mí, no puede ser libre!» Y al ver Heredia criminal a la libertad, y ambiciosa como la tiranía, se cubrió el rostro con la capa de tempestad, y comenzó a morir.

Ya estaba, de sí mismo, preparado a morir; porque, cuando la grandeza no se puede emplear en los oficios de claridad y creación que la nutren, devora a quien la posee. En las ocupaciones usuales de la vida, acibaradas por el destierro, no hallaba su labor anhelada aquella alma frenética y caballeresca, que cuando vio falsa a su primer amiga, servil al hom-

bre, acorralado el genio, impotente la virtud, y sin heroísmo
el mundo, preguntó a sus sienes para qué latían, y aún quiso,
en el extravío de la pureza, librarlas de su cárcel de huesos.
De la caída de la humanidad ideal que pasea resplandeciente,
con la copa de la muerte en los labios, por las estrofas de su
juventud, se levantó pálido y enfermo, sin fuerzas ya más que
para el poema reflexivo o el drama artificioso, que sólo centellea cuando el recuerdo de la patria lo conmueve, o el horror
al desorden de la tiranía, o el odio a las «intrigas infames». Al
sol vivía él, y abominaba a los que andan, con el lomo de
alquiler, afilando la lengua en la sombra, para asestarla contra
los pechos puros. Si para vivir era preciso aceptar, con la
sonrisa mansa, la complicidad con los lisonjeros, con los hipó-
critas, con los malignos, con los vanos, él no quería sonreír,
ni vivir. ¿A qué vivir, si no se puede pasar por la tierra como
el cometa por el cielo? Como la playa desnuda se siente él,
como la playa de la mar. Su corazón tempestuoso, y tierno
como el de una mujer, padece bajo el fanfarrón y el insolente,
como la flor bajo el casco del caballo. Él tenía piedad de su
caballo, a punto de llorar con él y pedirle perdón, porque en
el arrebato de su carrera le ensangrentó los ijares; ¿y no tenían
los hombres piedad de él? ¿Ni de qué sirve la virtud, si mientras más la ven, la mortifican más, y hay como una conjura-
ción entre los hombres para quitarle el pan de la boca, y el
suelo de debajo de los pies? Basta una visita aleve, de ésas
que vienen como las flechas de colores, con la punta untada
de curare: basta una mirada torva, una carta seca, un saludo
tibio, para oscurecerle el día. Nada menos necesita él que «la
ternura universal». La casa, necesitada y monótona, irrita su
pena, en vez de calmársela. En el dolor tiene él su gozo. ¡En
su patria, ni pensar puede, porque su patria está allá, con el
déspota en pie, restallando el látigo, y todos los cubanos arro-
dillados! De este pesar de la grandeza inútil, de la pasión
desocupada y de la vida vil, moría hilando trabajosamente sus
últimos versos, el poeta que ya no hallaba en la Tierra más
consuelo que la lealtad de un amigo constante. ¡Pesan mucho
sobre el corazón del genio honrado las rodillas de todos los
hombres que las doblan!

Hasta en las más acicaladas de sus poesías, que algo habían
de tener de tocador en aquellos tiempos de Millevoye y de
Delille, se nota esa fogosidad y sencillez que contrastan tan be-
llamente con la pompa natural del verso, que es tanta que,
cuando cae la idea, por el asunto pobre o el tema falso, va
engañado buen rato el lector, tronando e imperando, sin ver
que ya está la estrofa hueca. El temple heroico de su alma daba
al verso constante elevación, y la viveza de su sensibilidad le
llevaba, con cortes e interrupciones felicísimas, de una impresión
a otra. Desde los primeros años habló él aquel lenguaje a la

vez exaltado y natural, que es su mayor novedad poética.
A Byron le imita el amor al caballo; pero ¿a quién le imita
la oda al Niágara, y al Huracán, y al Teocali, y la carta a
Emilia, y los versos a Elpino, y los del Convite? Con Safo sólo
se le puede comparar, porque sólo ella tuvo su desorden y
ardor. Deja de un giro incompletos, con dignidad y efecto
grandes, los versos de esos dolores que no se deben profanar
hablando de ellos. De una nota sentida saca más efecto que
de la retórica ostentosa. No busca comparaciones en lo que
no se ve, sino en los objetos de la naturaleza, que todos pueden
sentir y ver como él: ni es su imaginación de aquella de aba-
lorios, enojosa e inútil, que crea entes vanos e insignificantes,
sino de esa otra durable y servicial, que consiste en poner de
realce lo que pinta, con la comparación o alusión propias, y
en exhibir, cautivas y vibrantes, las armonías de la naturaleza.
En su prosa misma, resonante y libre, es continuo ese vuelo
de alas anchas, y movimiento a la par rítmico y desenfrenado.
Su prosa tiene galicismos frecuentes, como su época; y en su
Hesíodo hay sus tantos del Alfredo, y muchos versos pudieran
ser mejores de lo que son: lo mismo que en el águila, que
vuela junto al sol, y tiene una que otra pluma fea. Para poner
lunares están las peluquerías; pero ¿quién, cuando no esté de
cátedra forzosa, empleará el tiempo en ir de garfio y pinza por
la obra admirable, vibrante de angustia, cuando falta de veras
el tiempo para la piedad y la admiración?

Nadie pinta mejor que él su tormento, en los versos graves
e ingenuos que escribió «en su cumpleaños» cuando describe el

> cruel estado
> de un corazón ardiente sin amores.

Por aquel modo suyo de amar a la mujer, se ve que a la
naturaleza le faltó sangre que poner en las venas de aquel
cubano, y puso lava. A la libertad y a la patria, las amó como
amó a Lesbia y a Lola, a la «belleza de dolor» y a la anda-
luza María Pautret. Es un amor fino y honroso, que ofrece
a sus novias en versos olímpicos la rosa tímida, la caña fresca, y se lleva a pasear, vigilado por el respeto, por donde arru-
llan las tórtolas. Algo hay de nuestro campesino floreador en
aquel amante desaforado que dobla la rodilla y pone a los
pies de su amada la canción de puño de oro. No ama para
revolotear, sino para fijar su corazón, y consagrar su juventud
ardiente. Se estremece a los dieciséis años, como todo un
galán, cuando en el paseo con Lesbia le rozan la frente, movidos
de aquel lado por un céfiro amigo, los rizos rubios. Se queja a la
luna, que sabe mucho de estas cosas, porque no halla una
mujer sensible. Ama furioso. Expirará de amor. No puede
con el tumulto de su corazón enamorado. Nadie lo vence en

amar, nadie. Ennoblece con su magna poesía lo más pueril
del amor, y lo más dulce: el darse y quitarse y volverse a dar
las manos, el no tener que decirse, el decírselo todo de re-
pente. Sale del baile, como monarca coronado de estrellas,
porque ha visto reinar a la que ama. El que baila con la que
ama es indigno, insensible e indigno. A la que él ama, Cuba
la aplaude, Cátulo le manda el ceñidor de Venus, los dioses
del Olimpo se la envidian. Tiembla al lado de Emilia, en los
días románticos de su persecución en Cuba; pero puede más
la hidalguía del mancebo que la soledad tentadora. Pasa, huyendo de sí junto a la pobre «rosa de nuestros campos», que
se inclina deslumbrada ante el poeta, como la flor ante el sol.
Sufre hasta marchitarse, y tiene a orgullo que le vean en la
frente la palidez de los amores. El Universo, ¿quién no lo sabe?,
está entero en la que ama. No quiere ya a las hermosas, porque por la traición de una supo que el mundo es vil; pero no
puede vivir sin las hermosas. ¿Cómo no habían de amar las
mujeres con ternura a aquél que era cuanto al alma superior
de la mujer aprisiona y seduce: delicado, intrépido, caballe-
roso, vehemente, fiel, y por todo eso, más que por la belleza,
bello? ¿Al que se ponía a sus pies de alfombra, sumiso e infeliz, y se erguía de pronto ante ellas como un soberano irritado? ¿Ni cuál es la fuerza de la vida, y su única raíz, sino
el amor de la mujer?

De la fatiga de estas ternuras levantaba, con el poder que
ellas dan, el pensamiento renovado a la naturaleza eminente,
y el que envolvía en hojas de rosa la canción a Lola, ensilla
una hora después su caballo volador, mira —descubierta la
cabeza— al cielo turbulento, y a la luz de los rayos se arroja
a escape en la sombra de la noche. O cuando el gaviero, cegado por los relámpagos, renuncia en los mástiles rotos a de-
safiar la tempestad, Heredia, de pie en la proa, impaciente en
los talones la espuela invisible, dichosa y centelleante la mirada, ve tenderse la niebla por el cielo, y prepararse las olas
al combate. O cuando la tarde convida al hombre a la medi-
tación, trepa, a pie firme, el monte que va arropando la noche
con su lobreguez, y en la cumbre, mientras se encienden las
estrellas, piensa en la marcha de los pueblos, y se consagra a
la melancolía. Y cuando no había monte que subir, desde sí
propio veía, como si lo tuviera a sus pies, nacer y acabarse el
mundo, y sobre él tender su inmensidad el océano enérgico
y triunfante.

Un día, un amigo piadoso, un solo amigo, entró, con los
brazos tendidos, en el cuarto de un alguacil habanero, y allí
estaba, sentado, en un banco, esperando su turno, transparente
ya la mano noble y pequeña, con la última luz en los ojos, el
poeta que había tenido valor para todo, menos para morir sin

volver a ver a su madre y a sus palmas. Temblando salió de
allí, del brazo de un amigo; al recobrar la libertad en el mar,
reanimado con el beso de su madre, volvió a hallar, para des-
pedirse del Universo, los acentos con que lo había asombrado
en su primera juventud; y se extinguió en silencio nocturno,
como lámpara macilenta, en el valle donde vigilan perenne-
mente, doradas por el sol, las cumbres del Popocatepetl y el
Iztaccihuatl. Allí murió, y allí debía morir, el que para ser
en todo símbolo de su patria, nos ligó, en su carrera de la
cuna al sepulcro, con los pueblos que la creación nos ha puesto
de compañeros y de hermanos: por su padre con Santo Domingo, semillero de héroes, donde aún, en la caoba sangrienta,
y en el cañaveral quejoso, y en las selvas invictas, está como
vivo, manando enseñanzas y decretos, el corazón de Guaro-
cuya; por su niñez, con Venezuela, donde los montes plegados
parecen, más que dobleces de la Tierra, los mantos abandonados por los héroes al ir a dar cuenta al cielo de sus batallas
por la libertad; y por su muerte, con México, templo inmenso
edificado por la naturaleza para que en lo alto de sus peldaños de montañas se consumase, como antes en sus teocalis los
sacrificios, la justicia final y terrible de la independencia de
América.

Y si hasta en la desaparición de sus restos, que no se pueden hallar, simbolizase la desaparición posible y futura de su
patria, entonces, ¡oh Niágara inmortal!, falta una estrofa, todavía útil, a tus soberbios versos. ¡Pídele, oh Niágara, al que
da y quita, que sean libres y justos todos los pueblos de la
Tierra; que no emplee pueblo alguno el Poder obtenido por
la libertad, en arrebatarla a los que se han mostrado dignos
de ella; que si un pueblo osa poner la mano sobre otro, no lo
ayuden al robo, sin que te salgas, oh Niágara, de los bordes,
los hermanos del pueblo desamparado!

Las voces del torrente, los prismas de la catarata, los pena-
chos de espuma de colores que brotan de su seno, y el arco
que le ciñe las sienes, son el cortejo propio, no mis palabras,
del gran poeta en su tumba. Allí, frente a la maravilla vencida,
es donde se ha de ir a saludar al genio vencedor. Allí, convi-
dados a admirar la majestad del portento, y a meditar en
su fragor, llegaron, no hace un mes, los enviados que mandan los pueblos de América a juntarse, en el invierno, para
tratar del mundo americano; y al oír retumbar la catarata formidable, «¡Heredia!», dijo, poniéndose en pie, el hijo de Montevideo; «¡Heredia!», dijo, descubriéndose la cabeza, el de Ni-
caragua; «¡Heredia!», dijo, recordando su infancia gloriosa,
el de Venezuela; «¡Heredia!»..., decían, como indignos de sí y
de él, los cubanos de aquella compañía; «¡Heredia!», dijo la
América entera; y lo saludaron con sus cascos de piedra las

estatuas de los emperadores mexicanos, con sus volcanes Centroamérica, con sus palmeras el Brasil, con el mar y sus pampas la Argentina, el araucano distante con sus lanzas. Y nosotros, culpables, ¿cómo lo saludaremos? ¡Danos, oh padre, virtud suficiente para que nos lloren las mujeres de nuestro tiempo, como te lloraron a ti las mujeres del tuyo; o haznos perecer en uno de los cataclismos que tú amabas, si no hemos de saber ser dignos de ti!

PÁEZ

...Aquellos honores eran eco del asombro con que los Estados Unidos oyeron contar, y leyeron en libros y diarios ingleses, las proezas del llanero épico que con el decoro y hombría de su trato supo más tarde, en su destierro de veinte años en Nueva York, mantener para el hombre resignado la admiración que despertó el guerrero. Sus amigos de entonces son hoy magnates de la Banca, columnas de la religión, cabezas de la milicia, candidatos a la Presidencia de la República. «Aún lo recordamos —dicen—, cortés y verboso, puntual en sus citas, muy pulcro en el vestir, lleno de generosidad y de anécdotas, amigo de las damas y del baile, sin que lo de general y presidente se le viera más que en algún gesto de imperio de la mano o en alguna centella de los ojos.» ¡Aún recuerdan al prócer arrogante que en las noches de invierno les contó las guerras increíbles de aquellos hombres que cargaban, como Sánchez, «un cañón a cuestas»; de aquellas mujeres que decían a sus esposos, como la de Olmedilla: «prefiero verte revolcar en tu sangre antes que humillado y prisionero»; de aquellos jinetes que amansaban al amanecer al potro salvaje con que a la tarde iban dando caza, asta contra anca, al enemigo. Así quisieron sus amigos de antes despedir con majestad al que tantas veces les apareció con ella. Así honró a aquella lanza insaciable el pueblo que se opuso, por razones de conveniencia, a que coronara su obra.

Nadie comenzó su vida en mayor humildad, ni la ilustró con más dotes de aquellas sublimes que parecen, con el misterio de la vida, venir a los hombres privilegiados del espíritu mismo de la tierra en que nacen. Vio la luz a la orilla del agua el que había de librar en ella batallas de caballería, como en la tierra firme. Le enseñaron con sangre, en la escuela de la señora Gregoria, la doctrina cristiana y los palotes de

Palomares; cartuchos de pulpería y panes de azúcar fueron
sus primeras armas, cuando sirvió a su tío el pulpero, de mancebo, y por la tarde le ayudaba a sembrar el cacaotal; pasó
la mocedad de peón de hato, trayendo y llevando camazos de
agua caliente, para que se lavase los pies el capataz de pelo
lanoso que no veía con gusto su cabello rubio; a lomo pelado,
sin más riendas que las crines, salió a la doma del potro salvaje, rebotando, mugiendo, salvando quebradas, echado al cielo, volando; escarmenaba cerdas para los cabestros o echaba
correas a la montura, en los pocos ocios que le permitía Manuelote, sentado en un cráneo de caballo o en la calada de un
caimán, que eran allí los únicos asientos. «Yo no le pregunto
si sabe nadar —le decía Manuelote—; lo que le mando es que
se tire al río y guíe el ganado»; su comida era un trozo de
la res recién muerta, asada al rescoldo, sin pan y sin sal, y el
agua de la tapara la bebida, y la cama un cuero seco, y el za-
pato la planta del pie, y el gallo el reloj, y el juez la lanza;
cantó a la puerta de su novia, en los domingos y las fiestas,
aquella poesía selvática y profunda que suele interrumpir el
rival celoso con otra poesía, y luego con la muerte; y de pronto, así como los llanos chamuscados y sedientos, albergue sólo
del cocodrilo moribundo y de la víbora enroscada, surgen a las
primeras lluvias cubiertos de lozanía, fragancia y verdor, y el
potro relincha, y el toro renovado se encela, y cantan los pájaros, esmeraldas aladas, y todo entona con estallidos y chis-
pazos el venturoso concierto de la vida, así el alumno de la
señora Gregoria, el criado de la pulpería, el que traía y llevaba
los camazos, pone el oído en tierra, oye a lo lejos, convocando
al triunfo, los cascos del caballo de Bolívar, monta, arenga,
recluta, arremete, resplandece, lleva caballo blanco y dolmán
rojo, y cuando se le ve de cuerpo entero, allí, en Las Queseras
del Medio, con sus ciento cincuenta héroes, rebanando enemigos, cerrándolos como en el rodeo, aguijoneando con la lanza,
como a ganado perezoso, a las hordas fatídicas de Morales.
Pasa el río; se les va encima; los llama a pelear; les pica el
belfo de los caballos; finge que huye; se trae a las ancas toda
la caballería. «¡Vuelvan caras!», dice, y con poco más de cien,
a la luz del sol, que volvió a parar su curso para ver la maravilla, clavó contra la selva a seis mil mercenarios, revueltos
con el polvo, arrastrados por sus cabalgaduras, aplastados por
sus cañones, caídos sobre sus propios hierros, muertos antes
por el pavor que por la lanza. Así venció en su primer pelea
formal, en la Mata de la Miel; así en la última, trece años después, cuando aseguró la independencia del continente en Carabobo. «¡A vengar mi caballo!», dijo en la Mata, y se trajo
sin jinetes, porque a lanzazos los sacó de las sillas, todos los
caballos de López. «¡A vengar a mi negro Camejo!», dijo en
Carabobo; carga con sus seiscientos, gana la rienda y rompe al

enemigo, vuelve con todas «las lanzas coloradas», y es libre la América.

Tres años sirvió de soldado durante la primera guerra, y cuando en sus filas no había llegado más que a sargento, en las del enemigo, triunfante en 1813, lo querían para capitán de caballería. ¿No era él quien desmontaba en un encuentro treinta jinetes?; ¿el «tío», «el compadre», el «mayordomo» de los llaneros?; ¿el que por generoso los deslumbraba, y por astuto, y por fuerte?; ¿el que veía de una legua, clavaba de un saetazo al puerco montés, domaba al potro con mirarlo fijo, volcaba al toro de un tirón de cola? Pero él se escurre por un lado del monte, a ser capitán de los patriotas, que a poco se le cansan, y ya no son más que veinte, y luego dos, y luego él sólo. Le quitarán la espada con engaño, ¡porque, frente a frente, ni el pueblo entero de Camagua se la quitaría! Lo cargarán de grillos en Barinas: «¡A mí los más pesados!». Lo habrían matado de noche, como a todos los presos, a lanzazos, si con sus ruegos y los de un amigo no ablandase el corazón del carcelero, que le quitó los hierros. ¿Adónde irá ahora Páez? ¡A buscar su caballo y sus armas, para venir, él solo, a rescatar a sus compañeros! «¡Quién vive!», le grita la guardia. «¡El demonio, que pronto vendrá a cargar con ustedes!» Vuelve riendas. «¡Adelante!», grita a un batallón invisible. La guardia se echa por tierra. De un planazo se concilia al alcalde dudoso. Saca libres a ciento quince presos. Abre otra cárcel llena de mujeres.

Y sin más compañero que un gallardo español que no le conoce, y a quien dará después su bolsa, como para castigarse por haber pensado en cobrar en él toda la ofensa de que viene lleno, sale otra vez, sin aceptar el sacrificio cierto del pueblo de Barinas, que lo aclama por jefe, a levantar el ejército allí donde la libertad está, más segura que en las poblaciones, en los llanos. En los llanos, leales al rey; ¡pero él levantará ejército! Sus primeros soldados son cinco realistas que le intiman rendición. Luego saldrá al camino, puesto en apuros para demostrar a los cinco reclutas cómo es verdad que tiene por lo cercano una compañía, que nunca llega; topa con una banda de indios; los aterra; los hace echar al suelo las flechas; con todas ellas y los arcos ata un haz; y se lleva a la espalda, y entra en el pueblo con los indios presos. Con los llaneros que desprecia García de Sena organiza en Mérida su primera compañía; con los prisioneros de su teniente en Banco Largo monta los «Bravos de Páez»; con el aguardiente y su palabra enardece de tal modo a los indios de Canabiche, temerosos de la fusilería, que los indios, transfigurados, se pican la lengua con la punta de la flecha, se embadurnan el rostro con la sangre que les sale de la herida y mueren abrazados a los cañones. Cuando no tiene más, sale a campaña con tres lanzas y un fusil; pero si quiere caballos para la gente que se allega, ¿no van montados los realistas? Si les faltan barcas con que defender el río, ¿para qué están las flecheras españolas, que huyen a cañonazos corriente arriba? Por eso escogió Páez de pinta rucia los caballos de sus mil llaneros, porque los rucios son buenos nadadores. Ni los hombres, ni las bestias, ni los elementos le habrán de hacer traición; porque él, que al empezar la pelea cae a veces sin sentido de la silla por la fuerza con que le acomete el deseo de ir a recibir los primeros golpes; él, que en cuanto se ve solo, ataca, y en cuanto ataca, vence; él, que cegado por el combate se va detrás del enemigo con un niño por único compañero, mientras su tropa se queda atrás entretenida con el botín; él, que arenga a sus lanzas de este modo, en la Mata de la Miel: «¡Al que me no me traiga un muerto lo paso por las armas!», él no humillará jamás a un bravo, ni se ensañará contra el vencido. Al pujante Sánchez sí lo sacará de la montura en el asta de la lanza, y como que, cuando lo tiene en tierra bajo la rodilla, «¡prorrumpe en palabras descompuestas e impropias del momento en que se hallaba», lo rematará de otro lanzazo; pero cuando un patriota sanguinario deshonra sus armas, descabezando prisioneros indefensos, «ya al caer la quinta», no puede contener la indignación que le sofoca; para al bárbaro; acude a su superior; defiende a los prisioneros delante de la tropa. «¡No, ni la más estricta obediencia militar —escribió luego— puede cambiar la espada del soldado en cuchilla del verdugo!»

Así iba ya, de jefe suelto, algo más libre que al principio de jefes torpes y rivales celosos, a la cabeza de su gente de lanza que le adora, que le para el caballo para pedirle lo que quiere, que le quita de las manos la lonja de carne que se lleva a la boca. Van por los ríos de noche, voceando para ahuyentar los caimanes; por los esteros cenagosos, sacando a pujos de brazos su animal ahogado; por los llanos encendidos, entre brotes de llamas, turbiones de humareda, bocanadas de polvo. No hay más comida que la res que matan; y los soldados, sin sombreros y vestidos de pieles, se apean, lanza en ristre, a disputarse el cuero fresco. La banda sigue al paso, afilando el chuzo de albarico, asegurando al astil con correas de cuero la cuchilla floja. Páez va delante, «descalzo y maltratado de vestido», con unas calzas de bayetas roídas hasta la media pierna. Cruzan los ríos con las armas y la montura a la cabeza; al que no sabe nadar le hacen bote de un cuero; si la carga es mucha, con tiras sin curtir recogen los bordes de una piel, echan dentro lo pesado, y al agua van, con su caballo de una mano y la cuerda en los dientes. Al salir a un yagual, descubren a un hombre encuclillado, con las manos en la maraña del cabello, con la mirada fija en tierra; tiene a los pies, mondados, los huesos de su propio hijo. De cuando en cuando se encuentran, colgada en una jaula o clavada en una escarpia, la cabeza de un patriota frita en aceite; un día, después de vencer, desclavan la cabeza de Aldao, ¡y sale volando un pájaro amarillo, como su bandera, que tenía allí su nido! ¿Qué es Monteverde, qué es Calzada, qué es Correa, qué es Latorre, qué es Boves, qué es Morillo? Cuando aún tienen su plan en el cerebro, ya Páez está a sus talones deshaciéndolo. Adivina todas las vueltas y ardides del español y calcula con exactitud los movimientos que deben nacer de sus defectos y virtudes. Obedece a sus presentimientos, y se salva. Al azar nada fía y lo prevé todo antes de empeñar el combate; pero ya en él, no pierde un gesto. Improvisa recursos singulares en los instantes más comprometidos. Engaña al más astuto. Siempre le ocurre lo que el enemigo no puede prever. Lleva la carne muerta de tres días, para que no lo delaten los buitres que caen sobre la matazón reciente. Cada encuentro le enseña el modo de vencerlo. Su estrategia es original, pintoresca y sencilla. Sobresale en simular un ataque, y vence con otro; en fingir fugas de caballería, partir las fuerzas que le dan caza, y revolver con toda la gente sobre la una, y luego sobre la otra; en sacar al campo al enemigo, de modo que la infantería lo envuelva; en decidir una batalla dudosa con una inesperada acometida. ¡Qué peleas, brazo a brazo, la de la Miel, la de los Cocos, la de Mucuritas, la de Las Queseras, la de Carabobo! Aquellos mil hombres parecen un solo hombre: se tienden por la llanura, galopan al mismo son, ondean como una cinta, se abren en abanico, se forman en una sola hilera, se repliegan anca con anca, desbócanse en cuatro bandas, para revolver a una sobre el enemigo dividido; vuelven a escape del triunfo, sacudiendo las lanzas en alto.

No eran aún más que cien, allá por 1814, y ya Páez se iba a citar a combate con balandronadas al jefe realista. El jefe vencido se echaba al río y Páez se echaba tras él, cruzaba el río antes y lo esperaba a la otra orilla, para perdonarlo. Se les caen al suelo los potros moribundos y la pelea sigue pie a tierra. Va a venir por aquel lado el español; y lo aguardan hora sobre hora, tendidos sobre los cuellos de los caballos. Los apura el contrario numeroso y pasan la noche en el estero. Vienen a cazarlos con barcas y ellos se echan al agua, se acercan a la borda, se zambullen en cuanto luce la mecha del cañón, pican con el asta al pecho de los artilleros, toman desnudos, lanza en mano, las flecheras desiertas. Se prepara Morillo, con el favor de la noche, a echarles encima sus fuerzas mayores; Páez, que no sabe de Aníbal ni de sus dos mil bueyes, ata cueros secos a la cola de cuatro caballos, y a la vez que echa al aire un tiroteo, lanza a los brutos desesperados sobre el campo español, que presa del pánico levanta tiendas. Si el viento va detrás del enemigo, incendia la sabana, y en medio del fuego espantoso, entre columnas de humo y lenguas de llamas, carga catorce veces la caballería. A Puerto Cabello, entretenido con maniobras falsas, lo asalta de noche a caballo por el mar, y lo toma. Y cuando en 1818, horas después de abrazar por primera vez a Bolívar, quiere el héroe, impaciente, vadear el Apure, burlando las cañoneras españolas del Coplé, «yo tomaré las cañoneras», dice Páez; sus bravos se desnudan y se echan al río con los caballos en pelo y la lanza en la boca; nadan con una mano y con la otra guían a su cabalgadura; llegan a las cañoneras, saltan del agua al lomo, del lomo a la cubierta, ¡de la cubierta a la victoria! Suyas son, Bolívar, vencedor, pasa el Apure.

Grande era Páez al resplandor de las llamas de San Fernando, incendiado por sus propios habitantes, para que Morillo no pudiera hacer de él fortaleza contra los patriotas; grande en los llanos, cuando, ijar contra ijar, con luces émulas centelleándoles los ojos, iba su caballo blanco al lado del potro rucio de Bolívar; grande en Las Queseras, tundiendo a los de Morales con el cuento de la lanza, cuando, de herir a los seis mil con sus ciento cincuenta, ya se le había embotado al asta el filo; grande en Carabobo, cuando, señalándose al contrario por su penacho rojo, que acude de sus infantes abatidos a su caballería desordenada, ve venir al «primero» de sus bravos, al negro Camejo, cuyo caballo, muerto como su amo, cae de rodillas a sus plantas; de un vuelo del brazo cita a los jinetes que le quedan, y cuando un realista compasivo lo levanta del síncope que lo ha echado por tierra, del poder de España en la América no quedan más que los cascos, rojos por la sangre que empapa la llanura, ¡de los caballos de Valencey y de Barbastro! Pero el llanero criado en el mando de su horda omnipotente jamás fue tan grande como el día en que de un pueblo lejano mandó llamar al cura, para que le tomase, ante la tropa, el juramento de ser fiel a Bolívar; ni aquel guerrero, saludado durante dieciséis años a la entrada de los caminos por las cabezas de sus tenientes en la picota o la jaula, venció nunca tanto como el día en que, roto con honor el último acero de España en Puerto Cabello, ni la humilló, ni se vengó, ni le colgó en jaulas la cabeza, ni la clavó en picas, sino que le dio salida libre del castillo, a tambor batiente y bandera desplegada.

¿Podrá un cubano, a quien estos recuerdos estremecen, olvidar que cuando, tras dieciséis años de pelea, descansaba por fin la lanza de Páez en el palacio de la presidencia de Venezuela, a una voz de Bolívar saltó sobre la cuja, dispuesta a cruzar el mar con el batallón de *Junín*, «que va magnífico», para caer en un puerto cubano, dar libres a los negros y coronar así su gloria de redentores con una hazaña que impidieron la sublevación de Bustamante en el Perú, adonde *Junín*

tuvo que volver a marchas prontas, y la protesta del Gobierno
de Washington, que «no deseaba cambio alguno en la condición ni en la posición política de Cuba»? Bolívar sí lo deseaba,
que solicitado por los cubanos de México, y ayudado por los
mexicanos, quiso a la vez dar empleo feliz al ejército ocioso
y sacar de la servidumbre, para seguridad y adelanto de la
América, a la isla que parece salir, en nombre de ella, a contar
su hermosura y brindar sus asilos al viajero cansado en la mar.
Páez sí lo deseaba, que al oír, ya cano y viejo, renovarse la
lucha de América en la isla, ¡volvió a pedir su caballo y su
lanza! ¡Oh llanero famoso! Tú erraste luego, como yerra el
militar que se despoja, por el lauro venenoso del Poder civil,
de la corona inmarcesible que los pueblos tributan a sus héroes desinteresados; tú creías tener razón para olvidar el juramento que empeñaste al cura; tú te dejaste seducir por el
Poder, cuyo trabajo complicado exige las virtudes que más
se quebrantan en la guerra; pero jamás fuiste cruel, ni derra-
maste para tu provecho la sangre de los tuyos, ¡ni deprimiste,
para mantener un falso engrandecimiento, el carácter de tus
conciudadanos! ¡Dondequiera que estés, duerme! Mientras haya
americanos, tendrás templos; ¡mientras haya cubanos, tendrás
hijos!

Nueva York, junio de 1890.

NUESTRA AMÉRICA

Cree el aldeano vanidoso que el mundo entero es su aldea, y con tal que él quede de alcalde, o le mortifiquen al rival que le quitó la novia, o le crezcan en la alcancía los ahorros, ya da por bueno el orden universal, sin saber de los gigantes que llevan siete leguas en las botas y le pueden poner la bota encima, ni de la pelea de los cometas en el cielo, que van por el aire dormido engullendo mundos. Lo que quede de aldea en América ha de despertar. Estos tiempos no son para acostarse con el pañuelo a la cabeza, sino con las armas de almohada, como los varones de Juan de Castellanos: las armas del juicio, que vencen a las otras. Trincheras de ideas valen más que trincheras de piedras.

No hay proa que tape una nube de ideas. Una idea enérgica, flameada a tiempo ante el mundo, para, como la bandera mística del juicio final, a un escuadrón de acorazados. Los pueblos que no se conocen han de darse prisa para conocerse, como quienes van a pelear juntos. Los que se enseñan los puños, como hermanos celosos, que quieren los dos la misma tierra, o el de casa chica, que le tiene envidia al de casa mejor, han de encajar, de modo que sean una las dos manos. Los que, al amparo de una tradición criminal, cercenaron, con el sable tinto en la sangre de sus mismas venas, la tierra del hermano vencido, del hermano castigado más allá de sus culpas, si no quieren que les llame el pueblo ladrones, devuélvanle sus tierras al hermano. Las deudas del honor no las cobra el honrado en dinero, a tanto por la bofetada. Ya no podemos ser el pueblo de hojas, que vive en el aire, con la copa cargada de flor, restallando o zumbando, según la acaricie el capricho de la luz, o la tundan y talen las tempestades; ¡los árboles se han de poner en fila, para que no pase el gigante de las siete leguas! Es la hora del recuerdo y de la marcha unida, y hemos de andar en cuadro apretado, como la plata en las raíces de los Andes.

A los sietemesinos, sólo, les faltará el valor. Los que no tienen fe en su tierra son hombres de siete meses. Porque les falta el valor a ellos se lo niegan a los demás. No les alcanza al árbol difícil el brazo canijo, el brazo de uñas pintadas y pulsera, el brazo de Madrid o de París, y dicen que no se puede alcanzar el árbol. Hay que cargar los barcos de esos insectos dañinos, que le roen el hueso a la patria que los nutre. Si son parisienses o madrileños vayan al Prado, de faroles, o vayan a Tortoni, de sorbetes. ¡Estos hijos de carpintero, que se avergüenzan de que su padre sea carpintero! ¡Estos nacidos en América, que se avergüenzan, porque lleva delantal indio, de la madre que los crió, y reniegan ¡bribones! de la madre enferma, y la dejan sola en el lecho de las enfermedades! Pues ¿quién es el hombre? ¿El que se queda con la madre a curarle la enfermedad, o el que la pone a trabajar donde no la vean, y vive de su sustento en las tierras podridas, con el gusano de corbata, maldiciendo del seno que lo cargó, paseando el letrero de traidor en la espalda de la casaca de papel? ¡Estos hijos de nuestra América, que ha de salvarse con sus indios, y va de menos a más; estos desertores que piden fusil en los ejércitos de la América del Norte, que ahoga en sangre a sus indios, y va de más a menos! ¡Estos delicados, que son hombres y no quieren hacer el trabajo de hombres! Pues el Washington que les hizo esta tierra, ¿se fue a vivir con los ingleses, a vivir con los ingleses en los años en que los veía venir contra su tierra propia? ¡Estos «increíbles» del honor, que lo arrastran por el suelo extranjero, como los increíbles de la Revolución francesa, danzando y relamiéndose, arrastraban las erres!

¿Ni en qué patria puede tener un hombre más orgullo que en nuestras Repúblicas dolorosas de América, levantadas entre las masas mudas de indios, al ruido de pelea del libro con el cirial, sobre los brazos sangrientos de un centenar de apóstoles? De factores tan descompuestos, jamás, en menos tiempo histórico, se han creado naciones tan adelantadas y compactas. Cree el soberbio que la tierra fue hecha para servirle de pedestal, porque tiene la pluma fácil o la palabra de colores, y acusa de incapaz e irremediable a su República nativa, porque no le dan sus selvas nuevas modo continuo de ir por el mundo de gamonal famoso, guiando jacas de Persia y derramando champaña. La incapacidad no está en el país naciente, que pide formas que se le acomoden y grandeza útil, sino en los que quieren regir pueblos originales, de composición singular y violenta, con leyes heredadas de tres siglos de práctica libre en los Estados Unidos, de diez siglos de monarquía en Francia. Con un decreto de Hamilton no se le para la pechada al potro del llanero. Con una frase de Sieyès no se desestanca la sangre cuajada de la raza india. A lo que es, allí donde se gobierna, hay que atender para gobernar bien: y el buen gobernante en América no es el que sabe cómo se gobierna el alemán o el francés, sino el que sabe con qué elementos está hecho su país, y cómo puede ir guiándolos en junto, para llegar, por métodos e instituciones nacidas del país mismo, a aquel estado apetecible, donde cada hombre se conoce y ejerce, y disfrutan todos de la abundancia que la naturaleza puso para todos en el pueblo que fecundan con su trabajo y defienden con sus vidas. El Gobierno ha de nacer del país. El espíritu del Gobierno ha de ser el del país. La forma del Gobierno ha de avenirse a la constitución propia del país. El Gobierno no es más que el equilibrio de los elementos naturales del país.

Por eso el libro importado ha sido vencido en América por el hombre natural. Los hombres naturales han vencido a los letrados artificiales. El mestizo autóctono ha vencido al criollo exótico. No hay batalla entre la civilización y la barbarie, sino entre la falsa erudición y la naturaleza. El hombre natural es bueno y acata y premia la inteligencia superior, mientras ésta no se vale de su sumisión para dañarle o le ofende prescindiendo de él, que es cosa que no perdona el hombre natural, dispuesto a recobrar por la fuerza el respeto de quien le hiere la susceptibilidad o le perjudica el interés. Por esta conformidad con los elementos naturales desdeñados han subido los tiranos de América al Poder; y han caído en cuanto les hicieron traición. Las Repúblicas han purgado en las tiranías su incapacidad para conocer los elementos verdaderos del país, derivar de ellos la forma de Gobierno y gobernar con ellos. Gobernante, en un pueblo nuevo, quiere decir creador.

En pueblos compuestos de elementos cultos e incultos, los incultos gobernarán, por su hábito de agredir y resolver las dudas con su mano, allí donde los cultos no aprendan el arte del Gobierno. La masa inculta es perezosa, y tímida en las cosas de la inteligencia, y quiere que se la gobiernen bien; pero si el Gobierno le lastima, se lo sacude y gobierna ella. ¿Cómo han de salir de las Universidades los gobernantes, si no hay Universidad en América donde se enseñe lo rudimentario del arte del Gobierno, que es el análisis de los elementos peculiares de los pueblos de América? A adivinar salen los jóvenes al mundo, con antiparras yanquis o francesas, y aspiran a dirigir un pueblo que no conocen. En la carrera de la política habría de negarse la entrada a los que desconocen los rudimentos de la política. El premio de los certámenes no ha de ser para la mejor oda, sino para el mejor estudio de los factores del país en que se vive. En el periódico, en la cátedra, en la academia, debe llevarse adelante el estudio de los factores reales del país. Conocerlos basta, sin vendas ni ambages; porque el que le pone de lado, por voluntad u olvido, una parte de la verdad, cae a la larga por la verdad que le faltó, que crece en la negligencia y derriba lo que se levanta sin ella. Resolver el problema después de conocer sus elementos es más fácil que resolver el problema sin conocerlos. Viene el hombre natural, indignado y fuerte, y derriba la justicia acumulada de los libros, porque no se la administra en acuerdo con las necesidades patentes del país. Conocer es resolver. Conocer el país, y gobernarlo conforme al conocimiento, es el único modo de librarlo de tiranías. La Universidad europea ha de ceder a la Universidad americana. La historia de América, de los incas a acá, ha de enseñarse al dedillo, aunque no se enseñe la de los arcontes de Grecia. Nuestra Grecia es preferible a la Grecia que no es nuestra. Nos es más necesaria. Los políticos nacionales han de reemplazar a los políticos exóticos. Injértese en nuestras Repúblicas el mundo; pero el tronco ha de ser el de nuestras Repúblicas. Y calle el pedante vencido; que no hay patria en que pueda tener el hombre más orgullo que en nuestras dolorosas Repúblicas americanas.

Con los pies en el rosario, la cabeza blanca y el cuerpo pinto de indio y criollo, vinimos, denodados, al mundo de las naciones. Con el estandarte de la Virgen salimos a la conquista de la libertad. Un cura, unos cuantos tenientes y una mujer alzan en Méjico la República, en hombros de los indios. Un canónigo español, a la sombra de su capa, instruye en la libertad francesa a unos cuantos bachilleres magníficos, que ponen de jefe de Centroamérica contra España al general de España. Con los hábitos monárquicos, y el sol por pecho, se echaron a levantar pueblos los venezolanos por el norte y los argentinos por el sur. Cuando los dos héroes chocaron, y el continente iba a temblar, uno, que no fue el menos grande, volvió riendas. Y como el heroísmo en la paz es más escaso, porque es menos glorioso que el de la guerra; como al hombre le es más fácil morir con honra que pensar con orden; como gobernar con los sentimientos exaltados y unánimes es más hacedero que dirigir, después de la pelea, los pensamientos diversos, arrogantes, éxoticos o ambiciosos; como los Poderes arrollados en la arremetida épica zapaban, con la cautela felina de la especie y el peso de lo real, el edificio que había izado, en las comarcas burdas y singulares de nuestra América mestiza, en los pueblos de pierna desnuda y casaca de París, la bandera de los pueblos nutridos de savia gobernante en la práctica continua de la razón y de la libertad; como la constitución jerárquica de las colonias resistía la organización democrática de la República, o las capitales de corbatín dejaban en el zaguán al campo de bota-de-potro, o los redentores bibliógenos no entendieron que la revolución que triunfó con el alma de la tierra, desatada a la voz del salvador, con el alma de la tierra había de gobernar, y no contra ella ni sin ella, entró a padecer América, y padece, de la fatiga de acomodación entre los elementos discordantes y hostiles que heredó de un colonizador despótico y avieso, y las ideas y formas importadas que han venido retardando, por su falta de realidad local, el Gobierno lógico. El continente, descoyuntado durante tres siglos por un mando que negaba el derecho del hombre al ejercicio de su razón entró, desatendiendo o desoyendo a los ignorantes que lo habían ayudado a redimirse, en un Gobierno que tenía por base la razón; la razón de todos en las cosas de todos, y no la razón universitaria de uno sobre la razón campestre de otros. El problema de la independencia no era el cambio de formas, sino el cambio de espíritu. Con los oprimidos había que hacer causa común, para afianzar el sistema opuesto a los intereses y hábitos de mando de los opresores. El tigre, espantado del fogonazo, vuelve de noche al lugar de la presa. Muere echando llamas por los ojos y con las zarpas al aire. No se le oye venir, sino que viene con zarpas de terciopelo. Cuando la presa despierta, tiene al tigre encima. La colonia continuó viviendo en la República; y nuestra América se está salvando de sus grandes yerros —de la soberbia de las ciudades capitales, del triunfo ciego de los campesinos desdeñados, de la importación excesiva de las ideas y fórmulas ajenas, del desdén inicuo e impolítico de la raza aborigen— por la virtud superior, abonada con sangre necesaria, de la República que lucha contra la colonia. El tigre espera, detrás de cada árbol, acurrucado en cada esquina. Morirá, con las zarpas al aire, echando llamas por los ojos.

Pero «estos países se salvarán», como anunció Rivadavia el argentino, el que pecó de finura en tiempos crudos; al machete no le va vaina de seda, ni en el país que se ganó con lanzón se puede echar el lanzón atrás, porque se enoja, y se pone en la puerta del Congreso de Iturbide «a que le hagan emperador al rubio». Estos países se salvarán, porque, con el genio de la moderación que parece imperar, por la armonía serena de la naturaleza, en el continente de la luz, y por el influjo de la lectura crítica que ha sucedido en Europa a la lectura de tanteo y falansterio en que se empapó la generación anterior, le está naciendo a América, en estos tiempos reales, el hombre real.

Éramos una visión, con el pecho de atleta, las manos de petimetre y la frente de niño. Éramos una máscara, con los calzones de Inglaterra, el chaleco parisiense, el chaquetón de Norteamérica y la montera de España. El indio, mudo, nos daba vueltas alrededor, y se iba al monte, a la cumbre del monte, a bautizar a sus hijos. El negro, oteando, cantaba en la noche la música de su corazón, solo y desconocido, entre las olas y las fieras. El campesino, el creador, se revolvía, ciego de indignación, contra la ciudad desdeñosa, contra su criatura. Éramos charreteras y togas, en países que venían al mundo con la alpargata en los pies y la vincha en la cabeza. El genio hubiera estado en hermanar, con la caridad del corazón y con el atrevimiento de los fundadores, la vincha y la toga; en desestancar al indio; en ir haciendo lado al negro suficiente; en ajustar la libertad al cuerpo de los que se alzaron y vencieron por ella. Nos quedó el oidor, y el general, y el letrado, y el prebendado. La juventud angélica, como de los brazos de un pulpo, echaba al cielo, para caer con gloria estéril, la cabeza, coronada de nubes. El pueblo natural, con el empuje del instinto, arrollaba, ciego del triunfo, los bastones de oro. Ni el libro europeo ni el libro yanqui daban la clave del enigma hispanoamericano. Se probó el odio, y los países venían cada año a menos. Cansados del odio inútil, de la resistencia del libro contra la lanza, de la razón contra el cirial, de la ciudad contra el campo, del imperio imposible de las castas urbanas divididas sobre la nación natural, tempestuosa e inerte, se empieza, como sin saberlo, a probar el amor. Se ponen en pie los pueblos, y se saludan. «¿Cómo somos?», se preguntan, y unos a otros se van diciendo cómo son. Cuando aparece en Cojímar un problema, no van a buscar la solución a Danzig. Las levitas son todavía de Francia, pero el pensamiento empieza a ser de América. Los jóvenes de América se ponen la camisa al codo, hunden las manos en la masa, y la levantan con la levadura de su sudor. Entienden que se imita demasiado, y que la salvación está en crear. Crear es la palabra de pase de esta generación. El vino, de plátano; y si sale agrio ¡es nuestro vino! Se entiende que las formas de Gobierno de un país han de acomodarse a sus elementos naturales; que las ideas absolutas, para no caer por un yerro de forma, han de ponerse en formas relativas; que la libertad, para ser viable, tiene que ser sincera y plena; que si la República no abre los brazos a todos y adelanta con todos, muere la República. El tigre de adentro se entra por la hendija, y el tigre de afuera. El general sujeta en la marcha la caballería al paso de los infantes. O, si deja a la zaga los infantes, le envuelve el enemigo la caballería. Estrategia es política. Los pueblos han de vivir criticándose, porque la crítica es la salud; pero con un solo pecho y una sola mente. ¡Bajarse hasta los infelices y alzarlos en los brazos! ¡Con el fuego del corazón deshelar la América coagulada! ¡Echar, bullendo y rebotando, por las venas, la sangre natural del país! En pie, con los ojos alegres de los trabajadores, se saludan, de un pueblo a otro, los hombres nuevos americanos. Surgen los estadistas naturales del estudio directo de la naturaleza. Leen para aplicar, pero no para copiar. Los economistas estudian la dificultad en sus orígenes. Los oradores empiezan a ser sobrios. Los dramaturgos traen los caracteres nativos a la escena. Las academias discuten temas viables. La poesía se corta la melena zorrillesca y cuelga del árbol glorioso el chaleco colorado. La prosa, centelleante y cernida, va cargada de idea. Los gobernadores, en las Repúblicas de indios, aprenden indio.

De todos sus peligros se va salvando América. Sobre algunas Repúblicas está durmiendo el pulpo. Otras, por la ley del equilibrio, se echan a pie a la mar, a recobrar, con prisa loca y sublime, los siglos perdidos. Otras, olvidando que Juárez paseaba en un coche de mulas, ponen coche de viento, y de cochero a una bomba de jabón; el lujo venenoso, enemigo de la libertad, pudre al hombre liviano y abre la puerta al extranjero.

Otras acendran, con el espíritu épico de la independencia amenazada, el carácter viril. Otras crían, en la guerra rapaz contra el vecino, la soldadesca que puede devorarlas. Por otro peligro corre, acaso, nuestra América, que no le viene de sí, sino de la diferencia de orígenes, métodos e intereses entre los dos factores continentales, y es la hora próxima en que se le acerque, demandando relaciones íntimas, un pueblo emprendedor y pujante que la desconoce y la desdeña. Y como los pueblos viriles, que se han hecho de sí propios, con la escopeta y la ley, aman, y sólo aman, a los pueblos viriles; como la hora del desenfreno y la ambición, de que acaso se libre, por el predominio de lo más puro de su sangre, la América del Norte, o en que pudieran lanzarla sus masas vengativas y sórdidas, la tradición de conquista y el interés de un caudillo hábil, no está tan cercana, aun a los ojos del más espantadizo, que no dé tiempo a la prueba de altivez, continua y discreta, con que se la pudiera encarar y desviarla; como su decoro de República pone a la América del Norte, ante los pueblos atentos del Universo, un freno que no le ha de quitar la provocación pueril o la arrogancia ostentosa, o la discordia parricida de nuestra América, el deber urgente de nuestra América es enseñarse como es, una en alma e intento, vencedora veloz de un pasado sofocante, manchada sólo con la sangre de abono que arranca a las manos la pelea con las ruinas, y la de las venas que nos dejaron picadas nuestros dueños. El desdén del vecino formidable, que no la conoce, es el peligro mayor de nuestra América; y urge, porque el día de la visita está próximo, que el vecino la conozca, la conozca pronto, para que no la desdeñe. Por ignorancia llegaría, tal vez, a poner en ella la codicia. Por el respeto, luego que la conociese, sacaría de ella las manos. Se ha de tener fe en lo mejor del hombre y desconfiar de lo peor de él. Hay que dar ocasión a lo mejor para que se revele y prevalezca sobre lo peor. Si no, lo peor prevalece. Los pueblos han de tener una picota para quien les azuza a odios inútiles, y otra para quien no les dice a tiempo la verdad.

No hay odio de razas, porque no hay razas. Los pensadores canijos, los pensadores de lámpara, enhebran y recalientan las razas de librería, que el viajero justo y el observador cordial buscan en vano en la justicia de la naturaleza, donde resalta, en el amor victorioso y el apetito turbulento, la identidad universal del hombre. El alma emana, igual y eterna, de los cuerpos diversos en forma y color. Peca contra la humanidad el que fomente y propague la oposición y el odio de las razas. Pero en el amasijo de los pueblos se condensan, en la cercanía de otros pueblos diversos, caracteres peculiares y activos, de ideas y de hábitos, de ensanche y adquisición, de vanidad y de avaricia, que del estado latente de preocupaciones nacionales pudieran, en un período de desorden interno o de precipitación del carácter acumulado del país, trocarse en amenaza grave para ļas tierras vecinas, aisladas y débiles, que el país fuerte declara perecederas e inferiores. Pensar es servir. Ni ha de suponerse, por antipatía de aldea, una maldad ingénita y fatal al pueblo rubio del continente, porque no habla nuestro idioma, ni ve la casa como nosotros la vemos, ni se nos parece en sus lacras políticas, que son diferentes de las nuestras, ni tiene en mucho a los hombres biliosos y trigueños, ni mira caritativo, desde su eminencia aún mal segura, a los que, con menos favor de la Historia, suben a los tramos heroicos la vía de las Repúblicas; ni se han de esconder los datos patentes del problema que puede resolverse, para la paz de los siglos, con el estudio oportuno y la unión tácita y urgente del alma continental. ¡Porque ya suena el himno unánime; la generación actual lleva a cuestas, por el camino abonado por los padres sublimes, la América trabajadora; del Bravo a Magallanes, sentado en el lomo del cóndor, regó el Gran Zemí, por las naciones románticas del continente y por las islas dolorosas del mar, la semilla de la América nueva!

[*El Partido Liberal*, México, 30 de enero de 1891.]

LOS PINOS NUEVOS

Discurso pronunciado en Tampa, la noche del 27 de noviembre de 1891, en conmemoración del 27 de noviembre de 1871.

Cubanos:

Todo convida esta noche al silencio respetuoso más que a las palabras, las tumbas tienen por lenguaje las flores de resurrección que nacen sobre las sepulturas; ni lágrimas pasajeras ni himnos de oficio son tributo propio a los que con la luz de su muerte señalaron a la propiedad humana soñolienta el imperio de la abominación y la codicia. Esas orlas son de respeto, no de muerte; esas banderas están a media asta, no los corazones. Pido luto a mi pensamiento para las frases breves que se esperan esta noche del viajero que viene a estas palabras de improviso, después de un día atareado de creación; y el pensamiento se me niega al luto. No siento hoy como ayer romper coléricas al pie de esta tribuna, coléricas y dolorosas, las olas de la mar que trae de nuestra tierra la agonía y la ira, ni es llanto lo que oigo, ni manos suplicantes las que veo, ni cabezas caídas las que escuchan, sino cabezas altas: y afuera de esas puertas repletas viene la ola de un pueblo que marcha. ¡Así el Sol, después de la sombra de oro!

Otros lamentan la muerte necesaria; yo creo en ella como la almohada, y la levadura y el triunfo de la vida. La mañana después de la tormenta, por la cuenca del árbol desarraigado echa la tierra fuentes de frescura, y es más alegre el verde de los árboles, y el aire está como lleno de banderas, y el cielo es un dosel de gloria azul, y se inundan los pechos de los hombres de una titánica alegría. Allá, por sobre los depósitos de la muerte, aletea, como redimiéndose, y se pierde por lo alto de los aires, la luz que surge invicta de la podredumbre. La amapola más roja y más leve crece sobre las tumbas desatendidas. El árbol que da mejor fruta es el que tiene debajo un muerto.

Otros lamentan la muerte hermosa y útil, por donde la patria saneada rescató su complicidad involuntaria con el crimen, por donde se cría aquel fuego purísimo e invisible en que se acendran para la virtud y se templan para el porvenir las almas fieles. Del semillero de las tumbas levántase impalpable, como los vahos del amanecer, la virtud inmortal: orea la tierra tímida, azota los rostros viles, empapa el aire, entra triunfante en los corazones de los vivos; la muerte da jefes; la muerte da lecciones y ejemplos; la muerte nos lleva el dedo por sobre el libro de la vida. ¡Así, de esos enlaces continuos e invisibles, se va tejiendo el alma de la patria!

La palabra viril no se complace en descripciones espantosas; ni se ha de abrumar al arrepentido por fustigar al malvado; ni ha de convertirse la tumba del mártir en parche de pelea; ni se ha de decir, aun en la ciega hermosura de las batallas, lo que mueva las almas de los hombres a la fiereza y el rencor. ¡Ni es de cubanos, ni lo será jamás, meterse en la sangre hasta la cintura, y avivar con un haz de niños muertos los crímenes del mundo; ni es de cubanos vivir, como el chacal en la jaula, dándole vueltas al odio! Lo que anhelamos es decir aquí con qué amor entrañable, un amor como purificado y angélico, queremos a aquellas criaturas que el decoro levantó de un rayo hasta la sublimidad, y cayeron por la ley del sacrificio, para publicar al mundo, indiferente aún a nuestro clamor, la justicia absoluta con que se irguió la tierra contra sus dueños; lo que queremos es saludar con inefable gratitud, como misterioso símbolo de la pujanza patria, del oculto y seguro poder del alma criolla, a los que, a la primera voz de muerte, subieron, sonriendo, del apego y cobardía de la vida común al heroísmo 'ejemplar.

¿Quién, quién era el primero en la procesión del sacrificio, cuando el tambor de muerte redoblaba, y se oía el olear de los sollozos, y bajaban la cabeza los asesinos; quién era el primero, con una sonrisa de paz en los labios, y el paso firme, y casi alegre, y todo él como ceñido ya de luz? Chispeaba por los corredores de las aulas un criollo dadivoso y fino, el bozo en flor y el pájaro en el alma, ensortijada la mano, como una joya el pie, gusto todo y regalo el carruaje, sin una arruga en el ligero pensamiento: ¡y el que marchaba a paso firme a la cabeza de la procesión, era el niño travieso y casquivano de las aulas felices, el de la mano de sortijas y el pie como una joya! ¿Y el otro, el taciturno, el que tenían sus compañeros por mozo de poco empuje, y de avisos escasos? ¡Con superior beldad se le animó el rostro caído, con soberbio poder se le levantó el ánimo patrio, con brazos firmes apretó, al salir a la muerte, a sus amigos, y con la mano serena les enjugó las lágrimas! ¡Así, en los alzamientos por venir, del pecho más oscuro saldrá, a triunfar, la gloria! ¡Así, del valor oculto, crecerán los ejércitos de mañana! ¡Así, con la ocasión sublime, los indiferentes y culpables de hoy, los vanos y descuidados de hoy, competirán el fuego con los más valerosos!... El niño de dieciséis años iba delante, sonriendo, ceñido como de luz, volviendo atrás la cabeza, por si alguien se le acobardaba...

Y, ¿recordaré el presidio inicuo, con la galera espantable de los vicios contribuyentes, tanto por cada villanía, a los pargos y valdepeñas de la mesa venenosa del general; con los viejos acuchillados por pura diversión, los viejos que dieron al país trece hombres fuertes, para que no fuese en balde el paseo de las cintas de hule y de sus fáciles amigas, con los presidiarios moribundos, y volteados sobre la tierra, a ver si revivían a punta de sable; con el castigo de la yaya feroz, al compás de la banda de bronce, para que no se oyesen por sobre los muros de piedra los alaridos del preso despedazado? ¡Pues éstos son otros horrores más crueles y más tristes y más inútiles, y más de temer que los de andar descalzo! ¿O recordaré la madrugada fría, cuando de pie, como fantasmas justiciadores, en el silencio de Madrid dormido, a la puerta de los palacios y bajo la cruz de las iglesias, clavaron los estudiantes sobrevivientes el padrón de vergüenza nacional; el recuerdo del crimen que la ciudad leyó espantada? ¿O un día recordaré, un día de verano madrileño, cuando al calce de un hombre seco y lívido, de barba y alma ralas, muy cruzado y muy saludado y muy pomposo, iba un niño febril, sujeto apenas por manos más potentes, gritando al horrible codicioso: «¡Infame, infame!»? ¡Recordaré al magnánimo español, huésped querido de todos nuestros hogares, laureado aquí en efigie junto con el heroico vindicador, que en los dientes de la misma muerte, prefiriendo al premio de cómplice la pobreza del justo, negó su espada al asesinato! Dicen que sufre, comido de pesar en el rincón donde apenas puede consolarlo de la cólera del vencedor pudiente, el cariño de los vencidos miserables. ¡Sean para el buen español, cubanas agradecidas, nuestras flores piadosas!

Y después, ¡ya no hay más, en cuanto a tierra, que aquellas cuatro osamentas que dormían, de Sur a Norte, sobre las otras cuatro que dormían de Norte a Sur; no hay más que un gemelo de camisa, junto a una mano seca; no hay más que un montón de huesos abrazados en el fondo de un cajón de plomo! ¡Nunca olvidará Cuba, ni los que sepan de heroicidad olvidarán al que con mano augusta detuvo, frente a todos los riesgos, el sarcófago intacto, que fue para la patria manantial de sangre; al que bajó a la tierra con sus manos de amor, y en acerba hora, de aquéllas que juntan de súbito al hombre con la eternidad, palpó la muerte helada, bañó de llanto terrible los cráneos de sus compañeros! El sol lucía en el cielo cuando sacó en sus brazos, de la fosa, los huesos venerados; ¡jamás cesará de caer el sol sobre el sublime vengador sin ira!

¡Cesen ya, puesto que por ellos es la patria más pura y hermosa, las lamentaciones que sólo han de acompañar a los muertos inútiles! Los pueblos viven de la levadura heroica. El mucho heroísmo ha de sanear el mucho crimen. Donde se fue muy vil, se ha de ser muy grande. Por lo invisible de la vida corren magníficas leyes. Para sacudir al mundo, con el horror extremo de la inhumanidad y la codicia que agobian a su patria, murieron, con la poesía de la niñez y el candor de la inocencia, a manos de la inhumanidad y la codicia. Para levantar con la razón de su prueba irrecusable el ánimo medroso de los que dudan del arranque y virtud de un pueblo en apariencia indiferente y frívolo, salieron riendo del aula descuidada, o pensando en la novia y el pie breve, entraron a paso firme, sin quebrantos de rodilla ni temblores de brazos, en la muerte bárbara. Para unir en concordia, por el respeto que impone en unos el remordimiento y la piedad que moverán en otros los arrepentidos, las dos poblaciones que han de llegar por fatalidad inevitable a un acuerdo en la justicia o a un exterminio violento, se alzó el vengador con alma de perdón, y aseguró, por la moderación de su triunfo, su obra de justicia. ¡Mañana, como hoy en el destierro, irán a poner flores en la tierra libre, ante el monumento del perdón, los hermanos de los asesinados, y los que, poniendo el honor sobre el accidente del país, no quieren llamarse hermanos de los asesinos!

Cantemos hoy, ante la tumba inolvidable, el himno de la vida. Ayer lo oí a la misma tierra, cuando venía, por la tarde hosca, a este pueblo fiel. Era el paisaje húmedo y negruzco; corría turbulento el arroyo cenagoso; las cañas, pocas y mustias, no mecían su verdor quejosamente, como aquellas queridas por donde piden redención los que las fecundaron con su muerte, sino se entraban, ásperas e hirsutas, como puñales extranjeros por el corazón; y en lo alto de las nubes desgarradas, un pino, desafiando la tempestad, erguía, entero, su copa. Rompió de pronto el sol sobre un claro de bosque, y allí, al centelleo de la luz súbita, vi por sobre la hierba amarillenta erguirse, en torno al tronco negro de los pinos caídos, los racimos gozosos de los pinos nuevos. ¡Eso somos nosotros: pinos nuevos!

SOBRE LOS OFICIOS DE LA ALABANZA

La generosidad congrega a los hombres, y la aspereza los aparta. El elogio oportuno fomenta el mérito; y la falta del elogio oportuno lo desanima. Sólo el corazón heroico puede prescindir de la aprobación humana; y la falta de aprobación mina el mismo corazón heroico. El velero de mejor maderamen cubre más millas cuando lleva el viento con las velas que cuando lo lleva contra las velas. Fue suave el yugo de Jesús, que juntó a los hombres. La adulación es vil, y es necesaria la alabanza.

La alabanza justa regocija al hombre bueno, y molesta al envidioso. La alabanza injusta daña a quien la recibe: daña más a quien la hace. La alabanza excesiva repugna con razón el ánimo viril. Los que desean toda la alabanza para sí, se enojan de ver repartida la alabanza entre los demás. El vicio tiene tantos cómplices en el mundo, que es necesario que tenga algunos cómplices la virtud. Se puede ser y se debe ser cómplice de la virtud. Al corazón se le han de poner alas, no anclas. Una manera de arrogancia es la falsa modestia, a la que pasa como a los sátiros cansados, que siempre están hablando de las ninfas. Desconfíase de quien tiene la modestia en los labios, porque ése tiene la soberbia en el corazón.

La alabanza al poderoso puede ser mesurada, aun cuando el mérito del poderoso justifique el elogio extremo, porque la justicia no venga a parecer solicitud. A quien todo el mundo alaba, se puede dejar de alabar; que de turiferarios está lleno el mundo, y no hay como tener autoridad o riqueza para que la tierra en torno se cubra de rodillas. Pero es cobarde quien ve el mérito humilde y no lo alaba. Y se ha de ser abundante, por la ley de equilibrio, en aquello en que los demás son escasos. A puerta sorda hay que dar martillazo mayor, y en el mundo hay aún personas sordas. Cesen los soberbios, y cesará la necesidad de levantar a los humildes.

Tiene el Poder del mundo, aun cuando no es más que sombra del Poder pasado o del que viene, el estímulo constante del reconocimiento de cuantos temen la soledad, o gustan de la alta compañía, o se sienten el ánimo segundón, o van buscando arrimo. El que en el silencio del mundo ve encendida a solas la luz de su corazón, o la apaga colérico, y se queda el mundo a oscuras, o abre sus puertas a quien le conoce la claridad, y sigue con él camino.

El corazón se agria cuando no se le reconoce a tiempo la virtud. El corazón virtuoso se enciende con el reconocimiento, y se apaga sin él. O muda o muere. Y a los corazones virtuosos, ni hay que hacerlos mudar, ni que dejarlos morir. El mundo es torre, y hay que irle poniendo piedras: otros, los hombres negativos, prefieren echarlas abajo. Es loable la censura de la alabanza interesada. Cuando consuela a los tristes, cuando proclama el mérito desconocido, cuando levanta el ejemplo ante los flojos y los descorazonados, cuando sujeta a los hombres en la vida de la virtud, lo loable es la alabanza.

Y cuando a un pueblo se le niegan las condiciones de carácter que necesita para la conquista y el mantenimiento de la libertad, es obra de política y de justicia la alabanza por donde se revelan, donde más se las niega, o donde menos se las sospecha, sus condiciones de carácter.

[*Patria*, Nueva York, 3 de abril de 1892.]

EL REMEDIO ANEXIONISTA

Un buen oído oye en la sombra los pasos de los tejedores silenciosos, y podría ahora un buen oído, en las cosas cubanas, notar como un esforzado aleteo, y como una empeñosa consulta, del lado de los tejedores. Lo cual es un excelente augurio para los partidarios de la independencia cubana. Cuando los mantenedores de la dominación española en Cuba o en España, acuden con tesón estéril, renovando en pequeño los trabajos anexionistas que nunca volverán a tener las proporciones que un día por otras causas tuvieron, a reanimar y tratar de cerca la solución de la anexión; cuando, con el desmayo de una política que no ha podido descubrir los medios de realizar lo que se propone, que está gravada con su origen esclavista y que no cuenta con el poder del sentimiento público, procuran por gestiones parciales —sin garantía ni probabilidad de que la gestión pudiera llegar a comprender los elementos enconados que habrían de unirse en ella— la alianza del Poder extranjero anexador, que ni por su política interna, ni por el origen esclavista de la idea de anexión, ni por el mero estado de deseo en que flota en él la idea, puede condensarla en proyectos prácticos y medios viables antes de que estalle por su exceso la angustia de la Isla; cuando los enemigos de la guerra de independencia en Cuba, por el horror y trastornos económicos de la guerra, vuelven los ojos a un aliado extranjero que no ha hallado más medios hasta hoy para adelantar las vagas pretensiones de anexión que aconsejarnos el empezar por hacer por la guerra nuestra independencia; cuando se acude con más viveza que la usual a la política de anexión, aunque sea por meros tanteos de cautela, de importancia y fuerza totalmente inferiores a la pasión y urgencia de los problemas de la Isla, la señal es segura de que la Isla, aun en lo que tiene de más prudente y tibio, está convencida de la imposibilidad de hallar acomodo con España, y busca salida de ella. Esta disposición de ánimo en el país es la que conoce y declara el Partido Revolucionario Cubano; y puesto que la idea de anexión, como remedio político, no pasa, ni de parte de Cuba ni de parte de los Estados Unidos, de meros acercamientos, más o menos misteriosos, entre una decena de personas que la ven con simpatía —acercamientos que no parece que puedan llegar, por las hostilidades de la política interna y la vaguedad actual de la idea en el norte, y por la resistencia que a su hora se organizaría, sin duda, dentro y fuera de Cuba—, a la realidad compleja y laboriosa de solución política en el término necesariamente breve en que la Isla, por conservación propia, ha de tentar alguna solución; puesto que el remedio anexionista no está —cuenta aparte de sus muchos obstáculos— en el grado de precisión y madurez necesario para acudir como solución al problema inmediato de la Isla, el deber patente e ineludible de los cubanos y del alma de ellos que se mueve hoy con el nombre de Partido Revolucionario Cubano, es acudir a la solución más preparada y posible, a la solución popular e histórica, a la solución natural e inevitable a que acude el país a falta de otra cercana, a la solución que el mismo Poder anexador, con frialdad dolorosa, considera fatal e ineludible para iniciarse en su gracia, la guerra preliminar de la independencia. Parece natural hacerla de una vez, si de todos modos tenemos que hacerla. Luego veremos, con el hecho de habernos levantado en armas en la misma generación en que sucumbimos, y de haber triunfado, si esta prueba plena de capacidad nacional no altera las únicas bases firmes de la idea anexionista; la creencia honrada de muchos cubanos en la ineptitud de Cuba para su propia redención, y la opinión de ruindad constitucional e irredimible incompetencia en que nos tiene el pueblo de los Estados Unidos, por ignorancia, y preocupación, por la propaganda maligna de los políticos ambiciosos y por el justo desdén del hombre libre al esclavo.

De dos fuentes vino en Cuba, limpia una y otra envenenada, la idea de la anexión, que no ha desaparecido aún, porque al temor piadoso de la guerra se junta en muchos cubanos la incredulidad en nuestra aptitud, fomentada por el fracaso aparente y no verdadero, de la guerra; ni está para desaparecer, porque en la agitación natural y sana con que se entregará a la libertad, hasta calmar el primer hervor, nuestro pueblo nuevo, y en el miedo y disgusto con que los hombres autoritarios y los acaudalados verán el bullicioso bautismo político de una República sincera, la intriga de la anexión será el recurso continuo de los que prefieren la unión desigual con un vecino que no cesará de codiciarnos al riesgo de su propiedad o a la mortificación de su soberbia. Obraría muy de ligero quien creyese que la idea de la anexión, irrealizable e innecesaria

como es, desaparecerá de nuestros problemas por su flojedad
esencial, por la fuerza de nuestros desdenes o por el brío de
nuestra censura. La naturaleza impalpable de los fantasmas
les permite flotar vagamente y escapar a la persecución. La idea
de la anexión, por causas naturales y constantes, es un factor
grave y continuo de la política cubana. Hoy, con la mejor voluntad de muchos anexionistas sinceros, demora la independencia; con lo que sin querer la sirve, como sirve todo lo natural, porque le da más tiempo a apretar y robustecer sus
factores, y entre otras cosas, a limpiar el debate político del
encono innecesario entre hombres que buscan con igual fe, aunque con caracteres de temple diverso, el bien de la patria. Mañana, por causas menos atendibles de nuestra política interior,
perturbará nuestra República, con lo que la servirá también,
porque el miedo de dar razón a los timoratos o ambiciosos que
nos acusen de ineptitud para el Gobierno, moderará los ímpetus de un país que, en el alboroto de su mayoría, pudiera tratar de ejercitarla con exceso. La idea de la anexión es un factor
político, menos potente hoy que nunca, y destinado a impotencia permanente; pero como a factor político se le ha de
tratar a la vez que se demuestre su ineficacia, y con el respeto
que toda opinión franca merece, porque la sustenta de buena
fe más de un cubano sincero, temeroso de la ineptitud radical
en que a su juicio nos deja la colonia, y confiado, por raciocinio singular sin duda, en que los que hemos de saber gobernarnos como nación, en Estado libre de la Unión Americana,
no sabremos, por el simple hecho de no estar unidos a un pueblo de carácter y hábitos diversos, gobernarnos como nación.
Mas el raciocinio, no por singular deja de ser libre. No inspira
respeto, ciertamente, sino coraje, el hábito de servidumbre en
algunos hombres tan arraigado, que les quita toda confianza
en sí y, aliado a la soberbia, llévales hasta suponer en los demás la impotencia que en sí propios reconocen. Mueve a impaciencia y no a respeto, la ignorancia dorada que niega a nuestra propia familia de pueblos la virtud que por sus mismas
culpas se comprueba; y admira desde el libro, impasible, la
organización y carácter de un país cuya naturaleza verdadera
desconoce. Pero el único modo de quitar razón a los cubanos
y a los españoles que de buena fe creen en nuestra incapacidad para el Gobierno propio —aunque creen en la capacidad
tan luego como nos liguemos con un pueblo diverso del nuestro, y que tiene sobre nuestro país miras distintas de las nuestras, miras de factoría y de pontón estratégico— es demostrar-
les, con nuestra organización y victoria, que no todos los cubanos se contentan con fiar a Cuba al capricho del azar, o
a la política de espera de una República que se declara ya
agresiva, y no comprende, como puesto de defensa necesario,
en su plan de agresión: que los cubanos saben disponer a tiem-

po el remedio inmediato a un mal inmediato, la guerra generosa de independencia en un país que está abocado a ella en todos los instantes, y cuya angustia urgente no le da tiempo a esperar que se pongan de acuerdo, en Cuba y en los Estados Unidos, los elementos anexionistas cuya energía ha llegado solamente, en medio siglo de trabajo, a enviar a Cuba una expedición infeliz en los días en que la mayoría esclavista de los Estados Unidos necesitaba un Estado más que asegurase el Poder político vacilante de los mantenedores de la esclavitud.

[*Patria*, Nueva York, 2 de julio de 1892.]

LA EDUCACIÓN EN EL EXTRANJERO

...El peligro de educar a los niños fuera de su patria es casi tan grande como la necesidad, en los pueblos incompletos e infelices, de educarlos donde adquieran los conocimientos necesarios para ensanchar su país naciente, o donde no se les envenene el carácter con la rutina de la enseñanza y la moral turbia en que caen, por la desgana y ocio de la servidumbre, los pueblos que padecen en esclavitud. Es grande el peligro de educar a los niños afuera, porque sólo es de padres la continua ternura con que ha de irse regando la flor juvenil, y aquella constante mezcla de la autoridad y el cariño, que no son eficaces, por la misma justicia y arrogancia de nuestra naturaleza, sino cuando ambas vienen de la misma persona. Es grande el peligro, porque no se ha de criar naranjas para plantarlas en Noruega, ni manzanos para que den frutos en el Ecuador, sino que al árbol deportado se le ha de conservar el jugo nativo, para que a la vuelta a su rincón pueda echar raíces.

La naturaleza del hombre es por todo el Universo idéntica, y tanto yerra el que suponga al hombre del Norte incapaz de las virtudes del Mediodía, como el de corazón canijo que creyese que al hombre del Sur falta una sola siquiera de las cualidades esenciales del hombre del Norte.

Hábitos podrán faltarle, porque el español no nos crió para servirnos de nosotros mismos, sino para servirle; y nuestra fatiga por ir cambiando de sangre, con el heroísmo indómito y progreso visible del más infeliz de nuestros pueblos, sólo podrá echársenos en cara por el extranjero desconsiderado e ignorante, o por el hermano apóstata. Y no es en todos los casos que nos falten hábitos, porque en los personales vamos ya mucho más adelante que en los políticos, y no hemos menester lección alguna en cuanto a honradez, actividad e inteligencia en el empleo de nuestras personas; sino que los hábitos prolongados crían en los hombres, y en los pueblos, tal modificación en la expresión y funciones de la naturaleza que, sin mandarla en lo esencial, llegan a hacer imposible al hombre de una región, con cierto concepto de la vida y ciertas prácticas, la dicha del contento y el éxito del trabajo en otra región de prácticas y concepto de vida diferentes.

El mismo lenguaje extraño, que equivocadamente se mira sólo como una nueva riqueza, es un obstáculo al desarrollo natural del niño, porque el lenguaje es el producto, y forma en voces, del pueblo que lentamente lo agrega y acuña; y con él van entrando en el espíritu flexible del alumno las ideas y costumbres del pueblo que lo crió.

Un país muy poblado y frío, donde la agria necesidad aguza y encona la competencia entre los hombres, crea en éstos costumbres de egoísmo necesario que no se avienen con la franqueza y desinterés propios e indispensables en las tierras abundantes, donde la población escasa permite aún el acercamiento y grata obligación de la vida de familia.

El fin de la educación no es hacer al hombre nulo, por el desdén o el acomodo imposible al país en que ha de vivir, sino prepararlo para vivir bueno y útil en él. El fin de la educación no es hacer al hombre desdichado, por el empleo difícil y confuso de su alma extranjera en el país en que vive, y de que vive, sino hacerlo feliz, sin quitarle, como su desemejanza del país le quitaría, las condiciones de igualdad en la lucha diaria con los que conservan el alma del país.

Es espectáculo lamentable el del hombre errante e inútil que no llega jamás a asimilarse el espíritu y métodos del país extranjero en grado suficiente para competir en él con los naturales, que lo miran siempre como extraño, pero que se ha asimilado ya bastante de ellos para hacerle imposible o ingrata la vida en un país del que se reconoce diferente, o en el que todo le ofende la naturaleza inflada y superior. Son hombres sin brújula, partidos por mitad, nulos para los demás y para sí, que no benefician al país en que han de vivir y que no saben beneficiarse de él. Son, en el comercio arduo de la vida, comerciantes quebrados.

Y este peligro de la educación de afuera, sobre todo en la edad tierna, es mayor para el niño de nuestros pueblos en los Estados Unidos, por haber éstos creado, sin esencia alguna preferible a la de nuestros países, un carácter nacional inquieto y afanoso, consagrado con exceso inevitable al adelanto y seguridad de la persona, y necesitado del estímulo violento de los sentidos y de la fortuna para equilibrar la tensión y vehemencia constantes de la vida. Un pueblo crea su carácter en virtud de la raza de que procede, de la comarca en que habita, de las necesidades y recursos de su existencia, y de sus hábitos religiosos y políticos. La diferencia entre los pueblos fomenta la oposición y el desdén. La superioridad del número y del tamaño, en consecuencia de los antecedentes y de las oportunidades, cría en los pueblos prósperos el desprecio de las naciones que batallan en pelea desigual con elementos menores o diversos. La educación del hijo de estos pueblos menores en un pueblo de carácter opuesto y de riqueza superior, pudiera llevar al educando a una oposición fatal al país nativo donde ha de servirse de su educación —o a la peor y más vergonzosa de las desdichas humanas, al desdén de su pueblo—, si al nutrirlo con las prácticas y conocimientos ignorados o mal desenvueltos en el país de su cuna, no se le enseñaran con atención continua, en lo que se relacionan con él y mantienen al educando en el amor y respeto del país a donde ha de vivir. El agua que se beba, que no sea envenenada. ¿A qué adquirir una lengua, si ha de perturbar la mente y quitarle la raíz al corazón? ¿Aprender inglés, para volver como un pedante a su pueblo, y como extraño a su casa, o como enemigo de su pueblo y de su casa?...

[*El colegio de Tomás Estrada Palma en el Central Valley*, en *Patria*, Nueva York, 2 de julio de 1893.]

EL GENERAL GÓMEZ

A caballo por el camino, con el maizal a un lado y las cañas a otro, apeándose en un recodo para componer con sus manos la cerca, entrándose por un casucho a dar de su pobreza a un infeliz, montando de un salto y arrancando veloz, como quien lleva clavado al alma un par de espuelas, como quien no ve en el mundo vacío más que el combate y la redención, como quien no le conoce a la vida pasajera gusto mayor que el de echar los hombres del envilecimiento a la dignidad, va por tierra de Santo Domingo, del lado de Montecristi, un jinete pensativo, caído en su bruto como en su silla natural, obedientes los músculos bajo la ropa holgada, el pañuelo al cuello, de corbata campesina, y de sombra del rostro trigueño el fieltro veterano. A la puerta de su casa, que por más limpieza doméstica está donde ya toca al monte la ciudad, salen a recibirlo, a tomarle la carga del arzón, a abrazársele enamorados al estribo, a empinarle la última niña hasta el bigote blanco, los hijos que le nacieron cuando peleaba por hacer a un pueblo libre; la mujer que se los dio y los crió al paso de los combates en la cuna de sus brazos, lo aguarda un poco atrás, en un silencio que es delicia, y bañado el rostro de aquella hermosura que da a las almas la grandeza verdadera; la hija, en quien su patria centellea, reclinada en el hombro de la madre, lo mira como a novio: ése es Máximo Gómez.

Descansó en el triste febrero la guerra de Cuba, y no fue para mal, porque en la tregua se ha sabido cómo vino a menos la pujanza de los padres, cómo atolondró al espantado señorío la revolución franca e impetuosa, cómo en el reposo forzado y los cariños se enclavó el peleador en su comarca y aborrecía la pelea lejos de ella, cómo se fueron criando en el largo abandono las cabezas tozudas de localidad, y sus celos y sus pretensiones, cómo vició la campaña desde su co-

mienzo, y dio la gente ofendida al enemigo, aquella arrogante
e inevitable alma de amo, por su mismo sacrificio más exalta-
da y satisfecha, con que salieron los criollos del barracón a la
libertad. Las emigraciones se habían de purgar del carácter
apoyadizo y medroso, que guió flojamente, y con miras al
tutor extranjero, el entusiasmo crédulo y desordenado. La pelea de cuartón por donde la guerra se fue desmigajando y
comenzó a morir, había de desaparecer, en el sepulcro de unos
y el arrepentimiento de otros, hasta que, en una nueva jornada, todos los caballos arremetiesen a la par. La política de
libro y del dril blanco había de entender que no son de orden
real los pueblos nacientes, sino de carne y hueso, y que no
hay salud ni belleza mayores, como un niño al sol, que las de
una República que vive de su agua y de su maíz, y asegura,
en forma moldeada sobre su cuerpo y nuevas y peculiares
como él, los derechos que perecen, o estallan en sangre venidera, si se les merma con reparos injustos y meticulosos, o se
le pone un calzado que no le viene al pie. Los hombres naturales que le salieron a la guerra y en su valor tenían su ley,
habían de ver por sí, en su caída y en la espera larga, que
un pueblo de estos tiempos, puesto a la boca del mundo refino
y menesteroso, no es ya, ni para la pelea ni para la República,
como aquellos países de mesnaderos que en el albor torpe del
siglo, y con la fuerza confusa del continente desatado, pudo a
puro pecho sacar un héroe de la crianza sumisa a los tropiezos
y novelería del Gobierno remendón y postizo. Los amos y los
esclavos que no fundieron en la hermandad de la guerra sus
almas iguales, habrían entrado en la República con menos justicia y paz que las que quedan después de haber ensayado en
la colonia los acomodos que, en el súbito alumbramiento social, hubiesen perturbado acaso el Gobierno libre. Y mientras
se purgaba la guerra en el descanso forzoso y conveniente;
mientras se esclarecían sus yerros primerizos y se buscaba la
forma viable al sentimiento renovado de la independencia;
mientras se componía la guerra necesaria, en acuerdo con la
cultura vigilante y el derecho levantisco del país, Gómez, indómito tras una prueba inútil, engañaba el desasosegado corazón midiendo los campos, cerrándolos con la cerca cruzada
de Alemania, empujándolos inquieto al cultivo, como si tuviese delante a un ejército calmudo, puliendo la finca recién
nacida, semilleros y secaderos, batey y portón, vegas y vivien-
das, como si les viniera a pasar revista el enemigo curioso.
Quien ha servido a la libertad, del mismo crimen se salvaría
por el santo recuerdo; de increíble degradación se levantaría,
como aturdido de un golpe de locura, a servirla otra vez; ni
en la riqueza, ni en el amor, ni en el respeto, ni en la fama
halla descanso, mientras anden por el suelo los ojos donde
chispeó antes la suprema luz. ¡Y de día y de noche se oye a

la puerta relinchar el caballo, de día y de noche, hasta que,
de una cerrada de muslos, se salta sobre la mar, y orea otra
vez la frente, en servicio del hombre, el aire más leve y puro
que haya jamás el pecho respirado!

Iba la noche cayendo del cielo argentino, de aquel cielo de
Santo Domingo, que parece más alto que otro alguno, acaso
porque los hombres han cumplido tres veces bajo él el juramento de ser gusanos o libres, cuando un cubano caminante,
sin más compañía que su corazón y el mozo que le contaba
amores y guerras, descalzaba el portillo del cercado de trenza
de una finca hermosa, y con el caballo del cabestro, como quien
no tiene derecho a andar montado en tierra mayor, se entró
lentamente, con nueva dignidad en el épico gozo, por la vereda que seguía hasta la vivienda oscura: da el misterio del campo y de la noche toda su luz y fuerza natural a las grandezas
que achica o desluce, en el centelleo de la vida populosa, la
complicidad o tentación del hombre. Se abrieron a la vez la
puerta y los brazos del viejo general: en el alma sentía sus
ojos, escudriñadores y tiernos, el recién llegado; y el viejo volvió a abrazar en largo silencio al caminante, que iba a verlo
de muy lejos, y a decirle la demanda y cariño de su pueblo
infeliz, y a mostrar a la gente canija cómo era imposible que
hubiese fatal pelea entre el heroísmo y la libertad. Los bohíos
se encendieron; entró a la casa la carga ligera; pronto cubrió
la mesa el plátano y el lomo, y un café de hospedaje, y un
fondo de ron bueno de Beltrán; dos niñas, que vinieron a la
luz, llevaban y traían; fue un grato reposo de almas la conversación primera, con esa rara claridad que al hombre pone
el gusto de obrar bien, y unos cuantos contornos en el aire,
de patria y libertad, que en el caserón de puntal alto, a la
sombra de la pálida vela, parecían como tajos de luz. No en
la cama de repuesto, sino en la misma del general, había de
dormir el caminante: en la cama del general, que tiene colgada a la cabecera la lámina de la tumba de sus dos hijos.
Y en tres días que duró aquella conversación, sobre los tanteos del pasado y la certidumbre de lo por venir, sobre las
causas perecederas de la derrota y la composición mejor y elementos actuales del triunfo, sobre el torrente y la unidad que
ha de tener la guerra que ya revive de sus yerros, sobre el
sincero amor del hombre que ha de mover a toda revolución
que triunfe, porque fuera crimen sacarlo a la muerte sino para
su rescate y beneficio; en aquella conversación por las muchas
leguas del camino, ganándole a las jornadas las horas de luna,
salvando a galope los claros de sol, parándose con tristeza
ante el ceibo gigante, graneado de balas fratricidas, abomi-
nando las causas remediables, de castas y de comarcas, porque
está aún sin su pleno poder aquella naturaleza tan hermosa,
no hubo palabra alguna por la que un hijo tuviera que aver-

gonzarse de su padre, ni frase hueca ni mirada de soslayo,
ni rasgo que desluciese, con la odiosa ambición, el amor hondo, y como sangre de las venas y medula de los huesos, con
que el general Gómez se ha jurado a Cuba. Se afirma de
pronto en los estribos, como quien va a mandar la marcha.
Se echa de un salto de la hamaca enojosa, como si tuviera
delante a un pícaro. O mira largamente, con profunda tristeza.

Su casa es lo que hay que ver, cuando él no está, y baja a
la puerta, cansado del viaje, el mensajero que va tal vez a
hablar del modo de dejar pronto sin su sostén a la mujer y
sin padre a los hijos. El júbilo ilumina a todos aquellos rostros. Cada cual quiere servir primero, y servir más. «Mañana»
generosa, la compañera de la guerra, saluda, como a un hermano, al desconocido. Un fuego como de amor, como de la
patria cautiva y rebelde, brilla en los ojos pudorosos de la
hija Clemencia. Se aprietan al visitante los tres hijos mayores:
uno le sirve de guía, otro de báculo, el otro se le cose a la
mano libre. Cuanto hay en la casa se le ha de dar al que llega.
«¡Ay, Cuba del alma!» «¿Y será verdad esta vez? ¡Porque en
esta casa no vivimos hasta que no sea verdad!» «¡Y yo que
me tendré que quedar haciendo las veces de mi padre!», dice
con la mirada húmeda Francisco, el mayor. Máximo, pálido, escucha en silencio: él se ha leído toda la vida de Bolívar, todos
los volúmenes de su padre; él, de catorce años, prefiere a todas
las lecturas el *Quijote*, porque le parece que «es el libro donde
se han defendido mejor los derechos del hombre pobre». Ur-
bano, leal, anhela órdenes. Aquella misma tarde han recibido
todos carta del padre amante. «Él anduvo treinta y seis leguas
para traer a Clemencia de Santiago, y salió ayer para *La Re-
forma*, que está a veinte; pero nos dijo que le pusiéramos un
propio, que él vendría en seguida.» Allí mismo, como para
un amigo de toda la vida, se prepara el viaje del mensajero
testarudo, que quiere ir a saludar junto a su arado al viejo
augusto que cría a su casa en la pasión de un pueblo infeliz.
Mañana le da de beber, y le echa luz el rostro de piedad, bajo
la corona de sus canas juveniles... ¡Santa casa de abnegación,
a donde no llega ninguna de las envidias y cobardías que per-
turban el mundo!

Y la casa tiene un desván que mira al mar, donde una vez
al menos no se ha hecho nada indigno de él. Por la escalera
de la alcoba, alta y oscura como una capilla, se sube al rincón
de escribir del general, con las alas del techo sobre la cabeza,
la cama de campaña al pie del escritorio, y el postigón por
donde entra, henchido de sal pura, el viento arremolinado.
Allí, esquivándose a los halagos fraternales de los montecris-
teños, dio el general cita, con su pañuelo al cuello y una mirada que se ve en hombres pocas veces, a un cubano que por
primera vez sintió entonces orgullo, para ver el mejor modo

de servir a Cuba oprimida, sin intrusión ni ceguera ni soberbia.
Un pueblo entero pasó por aquel desván desmantelado; y sus
derechos, para no hollar ninguno, y sus equivocaciones, para
no recaer en ellas, y sus recursos, para emplazarlos con seguridad, y sus servidores, para abrazarse a todos, y los infieles
mismos, para no reconocerles más que la grandeza pasada y
la posibilidad de arrepentirse. Con palabras sencillas, en voz
baja, andando leguas en una pregunta, mirándose como si se
quisieran cambiar el corazón, y no sin cierta sagrada tristeza,
aquellos dos hombres, depositarios de la fe de sus compatriotas, acababan de abrir el camino de la libertad de un pueblo
y se le ponían de abono. Le caían años sobre el rostro al viejo
general: hablaba como después de muerto, como dice él, que
quiere hablar; tenía las piernas apretadas en cruz y el cuerpo
encogido, como quien se repliega antes de acometer; las manos las tuvo quietas; una llama, clara e intensa, le brillaba en
los ojos; y el aire de la mar jugaba con su pañuelo blanco.

Y allá en Santo Domingo, donde está Gómez, está lo sano
del país, y lo que recuerda, y lo que espera. En vano, al venir
de su campo, busca él la entrada escondida; porque en el orgullo de sus dos hermanas, que por Cuba padecieron penuria
y prisión, y en la viveza, y como mayor estatura, de los hijos,
conoce la juventud enamorada que anda cerca el tenaz libertador. A paso vivo no le gana ningún joven, ni a cortés; y en
lo sentencioso, se le igualan pocos. Si va por las calles, le dan
paso todos; si hay baile en casa del gobernador, los honores
son para él, y la silla de la derecha, y el coro ansioso de oírle
el cuento breve y pintoresco; y si hay danza de gracia en la
reunión, para los personajes de respeto que no trajeron los
cedazos apuntados con amigas y novias, para él escoge el dueño la dama de más gala, y él es quien entre todos luce por la
cortesía rendida añeja, y por el baile ágil y caballeresco. Palabra
vana no hay en lo que él dice, ni esa lengua de miriñaque,
toda inflada y de pega, que sale a libra de viento por adarme
de armadura, sino un modo de hablar ceñido al caso, como
el tahalí al cinto; u otras veces, cuando no es una terneza
como de niño, la palabra centellea como el acero arrebatado
de un golpe a la vaina. En colores, ama lo azul. De la vida,
cree en lo maravilloso. Nada se muere, por lo que «hay que
andar derecho en este mundo». En el trabajo, «ha encontrado
su único consuelo». «No subirá nadie: he puesto de guardia
a mi hijo.» Y como en la sala de baile, colgado el techo de
rosas y la sala henchida de señoriles parejas, se acogiese con
su amigo caminante a la ventana a que se apiñaba el gentío
descalzo, volvió el general los ojos, a una voz de cariño de su
amigo, y dijo, con voz que no olvidarán los pobres de este
mundo: «Para éstos trabajo yo.»

Sí, para ellos; para los que llevan en su corazón desamparado el agua del desierto y la sal de la vida; para los que le sacan con sus manos a la tierra el sustento del país y le estancan el paso con su sangre al invasor que se lo viola; para los desvalidos que cargan, en su espalda de americanos, el señorío y pernada de las sociedades europeas; para los creadores fuertes y sencillos que levantarán en el continente nuevo los pueblos de la abundancia común y de la libertad real; para desatar a América y desuncir el hombre. Para que el pobre, en la plenitud de su derecho, no llame, con el machete enojado, a las puertas de los desdeñosos que se lo nieguen; para que la tierra, renovada desde la raíz, dé al mundo el cuadro de una patria sana, alegre en la equidad verdadera, regida conforme a su naturaleza y composición, y en la justicia y el trabajo fáciles desahogada y dichosa; para llamar a todos los cráneos, y hacer brotar de ellos la corona de luz. Se peca; se confunde; se toma un pueblo desconocido, y de más, por el pueblo de menos hilos que se conoce; se padece, con la autoridad de quien sabe morir, por la inercia y duda de los que pretenden guiar las guerras que no tienen el valor de hacer; corre por las bridas la tentación de saltar, como por sobre la cerca que cierra el camino, sobre la verba y pedantería, o el miedo forense, que disputan el paso a la batalla; a la ley no se le niega el corazón, sino a la forma inoportuna de la ley: se quiere el principio seguro y la mano libre. Guerra es pujar, sorprender, arremeter, revolver un caballo que no duerme sobre el enemigo en fuga, y echar pie a tierra con la última victoria. Con causa justa y guerra así, de un salto se va de Lamensura a palacio. Y luego, descansará el sable glorioso junto al libro de la libertad.

[*Patria*, 29 de agosto de 1893.]

ANTONIO MACEO

La naturaleza americana, doncella en el istmo, es ya hermosura próvida, y como de amplios senos, en el dominio de Costa Rica, que se levanta por sobre las nubes, con sus troncos de sangre serpeando por el celaje azul, y derrama a las costas encendidas, por lecho siempre verde, el agua ancha y pedregosa de sus reventazones montañesas; como un himno es la República, y cada hijo lleva la azada al hombro. Allá, del lado del Atlántico, por el río Matina, los plátanos son tan altos como la palma real, y es un cubano, que dio su sangre a Cuba, quien cría en la tierra amiga el platanal mejor. Del lado del Pacífico, lo que ha un año era maleza, es vereda ahora, y caserío la soledad, de los cubanos que le sacaron a la selva la semilla, y hay allí quien deje sola a la recién casada, por novia mayor. Con ternura de hijo quiere el cubano bueno a Costa Rica...

Pasa un hombre fornido por la calle; ni rechaza ni lisonjea, pero le saludan todos; habla cortés con una ventana suntuosa; salvó en día y medio el camino de tres, y se lo admiran campesinos y ministros; ponen mesa de patria los cubanos leales, de Oriente y Poniente, y le dan la cabecera; otra marcha, luego de contratos y altas visitas, y ya está en su Nicoya, que era umbría hace un año, abriendo la tierra y moviendo hombres, o alzando ala nueva al rancho señor, de techo y colgadizo, donde le acompaña, venerada, la que lo aguardó en zozobra y le restañó la sangre a los diez años de la guerra. Así vive, en espera, Antonio Maceo.

De la madre, más que del padre, viene el hijo, y es gran desdicha deber el cuerpo a gente floja o nula, a quien no se puede deber el alma; pero Maceo fue feliz, porque vino de león y de leona. Ya está yéndosele la madre, cayéndosele está ya la viejecita gloriosa en el indiferente rincón extranjero, y todavía tiene manos de niña para acariciar a quien le habla de la patria. Ya se le van los ojos por el mundo, como buscando otro, y todavía le centellean, como cuando venía el español, al oír cantar un lance bueno de sus hijos. Levanta la cabeza arrugada, con un pañuelo que parece corona. Y no se sabe por qué, pero se le besa la mano. A la cabecera de su nieto enfermo, de un huevecillo de hombre, habla la anciana ardiente de las peleas de sus hijos, de sus terrores, de sus alborozos, de cuando vuelva a ser. Acurrucada en un agujero de la tierra, pasó horas mortales, mientras que a su alrededor se cruzaban por el pomo sables y machetes. Vio erguirse a su hijo, sangrando del cuerpo entero, y con diez hombres desbandar a doscientos. Y a los que en nombre de Cuba la van aún a ver, les sirve con sus manos y los acompaña hasta la puerta.

María, la mujer, nobilísima dama, ni en la muerte vería espantos, porque le vio ya la sombra muchas veces, sino en un corazón de hijo de Cuba, que ésa sí es noche fiera, donde se apagase el anhelo de la independencia patria. Ingratitud monstruosa le parece tanta sangre vertida y falta extraña de coraje, porque ella, que es mujer, ha visto al cubano terco y maravilloso, y luego con el machete de pelea, le ve ganarse el pan. En sala no hay más culta matrona, ni hubo en la guerra mejor curandera. De ella fue el grito aquel: «Y si ahora no va a haber mujeres, ¿quién cuidará de los heridos?» Con las manos abiertas se adelanta a quien le lleve esperanzas de su tierra, y con silencio altivo ofusca a quien se la desconfía u olvida. ¡Que su esposo vea otra sangre en la pelea, y no dé la suya! De negro va siempre vestida, pero es como si la bandera la vistiese. «¡Ah!, ¡lo más bello del mundo era ver al presidente, con su barba blanca y su sombrero grande de camino, apoyado en un palo, subiendo a pie la loma; porque él siempre, cuando iba por Oriente, paraba donde Antonio!»

Y es música la sangre cuando cuenta ella «del ejército todo que se juntó por el Camagüey para caer sobre las Villas, e iban de marcha en la mañana con la caballería, y la infantería, y las banderas, y las esposas y madres en viaje, y aquellos clarines!» ¡Fáciles son los héroes, con tales mujeres!

En Nicoya vive ahora, sitio real antes de que la conquista helase la vida ingenua de América, el cubano que no tuvo rival en defender con el brazo y el respeto la ley de su República. Calla el hombre útil, como el cañón sobre los muros, mientras la idea incendiada no lo carga de justicia y muerte. Va al paso por los caseríos de su colonia, con el jinete astuto, el caballo que un día, de los dos cascos de atrás, se echó de un salto, revoleando el acero, en medio de las bayonetas enemigas.

Escudriñan hoy pecadillos de colonos y quejas de vecindad los ojos límpidos que de una paseada se bebían un campamento. De vez en cuando sonríe, y es que ve venir la guerra. Le aviva al animal el trote, pero pronto le acude a la brida, para oír la hora verdadera, para castigarle a la sangre la mocedad. La lluvia le cae encima, y el sol fuerte, sin que le desvíen el pensamiento silencioso, ni la jovial sonrisa; y sobre la montura, como en el banquete que le dieron un día al aire libre, huirán todos, si se empieza a cerrar el cielo, mientras que él mirará de frente a la tempestad. Todo se puede hacer. Todo se hará a su hora.

En la ciudad, cuando viene a los arreglos de los colonos; a los papeles de cada uno de ellos con el Gobierno, para que cada cual sea en su persona el obligado; a vender el arroz; a ver lo de la máquina que llega; a buscar licencia para la casa de tabaco; a llevarse, por carretera y golfo, cuando trueque en pueblo lindo y animado el claro que con los suyos abrió en el monte espeso, no hay huésped mejor recibido en el umbral de mármol o en la mesa llana, ni contratante a quien el Gobierno vea con más fervor, ni paisano a quien con más gusto dieran sus compatriotas de lo suyo o le fíen la vida. Ni la cólera le aviva el andar, ni rebaja con celos y venganzas su persona, ni con la mano de la cicatriz aprieta mano manchada, ni —como que está pronto a morir por ella— habla de la patria mucho. Se puede, y será. Mientras tanto, se trabaja en la colonia un mes, y se está por San José una semana, de levita cruzada, pantalón claro y sombrero hongo. En el marco formidable cabe un gran corazón. Jamás parece que aquel hombre pueda, con su serena pujanza, afligir u ofender, por sobra de hecho o parcialidad de juicio, la patria a quien ama de modo que cuando habla, a solas con el juramento, de la realidad de ella, del fuego que arde en ella, la alegría le ilumina los ojos y se le anuda en la garganta el regocijo; está delante el campamento, y los caballos galopando, y se ven claros los caminos. Es júbilo de novio. Y hay que poner asunto a lo que dice, porque Maceo tiene en la mente tanta fuerza como en el brazo. No hallaría el entusiasmo pueril asidero de su sagaz experiencia.

Firme es su pensamiento y armonioso, como las líneas de su cráneo. Su palabra es sedosa, como la de la energía constante, y de una elegancia artística que le viene de su esmerado ajuste con la idea cauta y sobria. No se vende por cierto su palabra, que es notable de veras, y rodea cuidadosa el asunto mientras no estén en razón, o insinúa, como quien vuelve de largo viaje, todos los escollos o entradas de él. No deja frase rota, ni usa voz impura, ni vacila cuando lo parece, sino que tantea su tema o su hombre. Ni hincha la palabra nunca ni la deja de la rienda. Pero se pone un día el sol, y amanece al otro, y el primer fulgor da por la ventana que mira al campo de Marte, sobre el guerrero que no durmió en toda la noche buscándole caminos a la patria. Su columna será él, jamás puñal suyo. Con el pensamiento le servirá, más aún que con el valor. Le son naturales el vigor y la grandeza. El sol después de aquella noche, entraba a raudales por la ventana.

[*Patria*, 6 de octubre de 1893.]

BOLÍVAR

Discurso pronunciado en la velada de la Sociedad Literaria Hispanoamericana de Nueva York en honor de Simón Bolívar, el 28 de
octubre de 1893.

Señoras, señores:

Con la frente contrita de los americanos que no han podido
entrar aún en América; con el sereno conocimiento del puesto
y valer reales del gran caraqueño en la obra espontánea y
múltiple de la emancipación americana; con el asombro y reverencia de quien ve aún ante sí, demandándole la cuota, a
aquél que fue como el samán de sus llanuras, en la pompa y
generosidad, y como los ríos que caen atormentados de las
cumbres, y como los peñascos que vienen ardiendo, con luz y
fragor, de las entrañas de la tierra, traigo el homenaje infeliz
de mis palabras, menos profundo y elocuente que el de mi
silencio, al que desclavó del Cuzco el gonfalón de Pizarro. Por
sobre tachas y cargos, por sobre la pasión del elogio y la del
denuesto, por sobre las flaquezas mismas, ápice negro en el
plumón del cóndor, de aquel príncipe de la libertad, surge
radioso el hombre verdadero. Quema y arroba. Pensar en él,
asomarse a su vida, leerle una arenga, verlo deshecho y ja-
deante en una carta de amores, es como sentirse orlado de
oro el pensamiento. Su ardor fue el de nuestra redención, su
lenguaje fue el de nuestra naturaleza, su cúspide fue la de
nuestro continente; su caída, para el corazón. Dícese Bolívar,
y ya se ve delante el monte a que, más que la nieve, sirve el
encapotado jinete de corona; ya el pantano en que se revuel-
ven, con tres Repúblicas en el morral, los libertadores que van
a rematar la redención de un mundo. ¡Oh, no! En calma no
se puede hablar de aquél que no vivió jamás en ella; ¡de Bolívar se puede hablar con una montaña por tribuna, o entre

relámpagos y rayos, o con un manojo de pueblos libres en el
puño y la tiranía descabezada a los pies! Ni a la justa admiración ha de tenerse miedo, porque esté de moda continua en
cierta especie de hombre el desamor de lo extraordinario; ni
el deseo bajo del aplauso ha de ahogar con la palabra hinchada
los decretos del juicio; ni hay palabras que diga el misterio y
fulgor de aquella frente cuando en el desastre de Casacoima,
en la fiebre de su cuerpo y en la soledad de sus ejércitos huidos,
vio claros, allá en la cresta de los Andes, los caminos por
donde derramaría la libertad sobre las cuencas del Perú y
Bolivia. Pero cuanto dijéramos, y aun lo excesivo, estaría bien
en nuestros labios esta noche, porque cuantos nos reunimos
hoy aquí somos los hijos de su espada.

Ni la presencia de nuestras mujeres puede, por temor de
parecerles enojosos, sofocar en los labios el tributo; porque ante
las mujeres americanas se puede hablar, sin miedo, de la libertad. Mujer fue aquella hija de Juan de Mena, la brava para-
guaya que, al saber que a su paisano Antequera lo ahorcaban
por criollo, se quitó el luto del marido que vestía y se puso
de gala, porque es día de celebrar aquél en que un hombre
bueno muere gloriosamente por su patria»; mujer fue la colom-
biana de saya y cotón que, antes que los comuneros, arrancó
en el Socorro el edicto de impuestos insolentes que sacó a pelear a veinte mil hombres; mujer la de Arismendi, pura cual
la mejor perla de la Margarita, que a quien la pasea presa por
el terrado de donde la puede ver el esposo sitiador dice, mientras el esposo riega de metralla la puerta del fuerte: «Jamás
lograréis de mí que le aconseje faltar a sus deberes»; mujer
aquella soberana Pola, que armó a su novio para que fuese
a pelear, y cayó en el patíbulo junto a él; mujer Mercedes
Ábrego, de trenzas hermosas, a quien cortaron la cabeza porque bordó, de su oro más fino, el uniforme del Libertador;
mujeres las que el piadoso Bolívar llevaba a la grupa, compa-
ñeras indómitas de sus soldados, cuando a pechos juntos va-
deaban los hombres el agua enfurecida por donde iba la redención a Boyacá, y de los montes andinos, siglos de la naturaleza, bajaban torvos y despedazados los torrentes.

Hombre fue aquél en realidad extraordinario.

Vivió como entre llamas, y lo era. Ama, y lo que dice es
como florón de fuego. Amigo, se le muere el hombre honrado
a quien quería, y manda que todo cese a su alrededor. En-
clenque, en lo que anda el posta más ligero barre con un ejército naciente todo lo que hay de Tenerife a Cúcuta. Pelea, y
en lo más afligido del combate, cuando se le vuelven suplicantes los ojos, manda que le desensillen el caballo. Escribe, y
es como cuando en lo alto de una cordillera se coge y cierra
de súbito la tormenta y es bruma y lobreguez el valle todo,
y a tajos abre la luz celeste la cerrazón, y cuelgan de un lado

y otro las nubes por los picos, mientras en lo hondo luce el
valle fresco con el primor de todos sus colores. Como los montes era él ancho en la base, con las raíces en las del mundo, y
por la cumbre enhiesto y afilado, como para penetrar mejor
en el cielo rebelde. Se le ve golpeando, con el sable de puño
de oro, en las puertas de la gloria. Cree en el cielo, en los
dioses, en los inmortales, en el dios de Colombia, en el genio
de América y en su destino. Su gloria lo circunda, inflama y
arrebata. Vencer, ¿no es el sello de la divinidad? ¿Vencer a los
hombres, a los ríos hinchados, a los volcanes, a los siglos, a la
naturaleza? Siglos, ¿cómo los desharía, si no pudiera hacerlos?
¿No desata razas, no desencanta el continente, no evoca pueblos, no ha recorrido con las banderas de la redención más
mundo que ningún conquistador con las de la tiranía, no habla desde el Chimborazo con la eternidad y tiene a sus plantas
en el Potosí, bajo el pabellón de Colombia picado de cóndores,
una de las obras más bárbaras y tenaces de la Historia humana? ¿No le acatan las ciudades, y los Poderes de esta vida,
y los émulos enamorados o sumisos, y los genios del orbe
nuevo, y las hermosuras? Como el sol llega a creerse, por lo
que deshiela y fecunda, y por lo que ilumina y abrasa. Hay
senado en el cielo, y él será, sin duda, de él. Ya ve el mundo
allá arriba, áureo de sol cuajado, y los asientos de la roca de
la creación, y el piso de las nubes, y el techo de centellas
que le recuerden, en el cruzarse y chispear, los reflejos del
mediodía de Apure en los rejones de sus lanzas; y descienden
de aquella altura, como dispensación paterna, la dicha y el
orden sobre los humanos. ¡Y no es así el mundo, sino suma
de la divinidad que asciende ensangrentada y dolorosa del sacrificio y prueba de los hombres todos! Y muere él en Santa
Marta del trastorno y horror de ver hecho pedazos aquel astro suyo que creyó inmortal, en su error de confundir la gloria de ser útil, que sin cesar le crece, y es divina de veras, y
corona que nadie arranca de las sienes, con el mero accidente
del Poder humano, merced y encargo casi siempre impuro de
los que sin mérito u osadía lo anhelan para sí, o estéril triunfo
de un bando sobre otro, o fiel inseguro de los intereses y
pasiones, que sólo recae en el genio, o la virtud en los instantes de suma angustia o pasajero pudor en que los pueblos,
enternecidos por el peligro, aclaman la idea, o desinterés por
donde vislumbran su rescate. ¡Pero así está Bolívar en el cielo
de América, vigilante y ceñudo, sentado aún en la roca de
crear, con el Inca al lado y el haz de banderas a los pies; así
está él, calzadas aún las botas de campaña, porque lo que él
no dejó hecho, sin hacer está hoy: ¡porque Bolívar tiene que
hacer en América todavía! América hervía, a principios del
siglo, y él fue como su horno. Aún cabecea y fermenta, como
los gusanos bajo la costra de las viejas raíces, la América de

entonces, larva enorme y confusa. Bajo las sotanas de los ca-
nónigos y en la mente de los viajeros próceres venía de Francia
y de Norteamérica el libro revolucionario, a avivar el descontento del criollo de decoro y letras, mandado desde allende a
horca y tributo; y esta revolución de lo alto, más la levadura
rebelde y en cierto modo demócrata del español segundón
y desheredado, iba a la par creciendo, con la cólera baja, la
del gaucho y el roto y el cholo y el llanero, todos tocados en
su punto de hombre; en el sordo oleaje, surcado de lágrimas
el rostro inerme, vagaban con el consuelo de la guerra por el
bosque las majadas de indígenas, como fuegos errantes sobre
una colosal sepultura. La independencia de América venía de
un siglo atrás sangrando; ¡ni de Rousseau ni de Washington
viene nuestra América, sino de sí misma! Así, en las noches
aromosas de su jardín solariego de San Jacinto, o por las
riberas de aquel pintado Anauco por donde guió tal vez los
pies menudos de la esposa que se le murió en flor, vería Bolívar, con el puño al corazón, la procesión terrible de los precursores de la independencia de América: ¡van y vienen los
muertos por el aire, y no reposan hasta que no está su obra
satisfecha! Él vio, sin duda, en el crepúsculo del Ávila, el séquito cruento... Pasa Antequera, el del Paraguay, el primero
de todos, alzando de sobre su cuello rebanado la cabeza; la
familia entera del pobre Inca pasa, muerta a los ojos de su
padre atado, y recogiendo los cuartos de su cuerpo; pasa Tú-
pac Amaru; el rey de los mestizos de Venezuela viene luego,
desvanecido por el aire, como un fantasma; dormido en sangre va después Salinas, y Quiroga muerto sobre su plato de
comer, y Morales como viva carnicería, porque en la cárcel de
Quito amaban a su patria; sin casa adonde volver, porque se
la regaron de sal; sigue León, moribundo en la cueva; en
garfios van los miembros de José España, que murió sonriendo
en la horca, y va humeando el tronco de Galán, quemado
ante el patíbulo; y Berbeo pasa, más muerto que ninguno
—aunque de miedo a sus comuneros lo dejó el verdugo vivo—,
porque, para quien conoció la dicha de pelear por el honor
de su país, no hay muerte mayor que estar en pie mientras
dura la vergüenza patria; ¡y de esta alma india y mestiza y
blanca, hecha una llama sola, se envolvió en ella el héroe, y
en la constancia y la intrepidez de ella; en la hermandad de
la aspiración común juntó, al calor de la gloria, los compuestos desemejantes; anuló o enfrenó émulos, pasó el páramo y
revolvió montes, fue regando de Repúblicas la artesa de los
Andes, y cuando detuvo la carrera, porque la revolución argentina oponía su trama colectiva y democrática al ímpetu
boliviano, catorce generales españoles, acurrucados en el cerro
de Ayacucho, se desceñían la espada de España!

De las palmas de las costas, puestas allí como para entonar canto perenne al héroe, sube la tierra, por tramos de plata y oro, a las copiosas planicies que acuchilló de sangre la revolución americana; y el cielo ha visto pocas veces escenas más hermosas, porque jamás movió a tantos pechos la determinación de ser libres, ni tuvieron teatro de más natural grandeza, ni el alma de un continente entró tan de lleno en la de un hombre. El cielo mismo parece haber sido actor, porque eran dignas de él, en aquellas batallas; ¡parece que los héroes todos de la libertad, y los mártires todos de toda la Tierra, poblaban apiñados aquella bóveda hermosa, y cubrían, como gigante égida, el aprieto donde pujaban nuestras almas, o huían despavoridos por el cielo injusto, cuando la pelea nos negaba su favor! El cielo mismo debía, en verdad, detenerse a ver tanta hermosura: de las eternas nieves ruedan, desmontadas, las aguas portentosas; como menuda cabellera, o crespo vellón, visten las negras abras árboles seculares; las ruinas de los templos indios velan sobre el desierto de los lagos; por entre la bruma de los valles asoman las recias torres de la catedral española; los cráteres humean, y se ven las entrañas del Universo por la boca del volcán descabezado; ¡y a la vez, por los rincones todos de la Tierra, los americanos están peleando por la libertad! Unos cabalgan por el llano y caen al choque enemigo como luces que se apagan, en el montón de sus monturas; otros, rienda al diente, nadan, con la banderola a flor de agua, por el río crecido; otros, como selva que echa a andar, vienen costilla a costilla, con las lanzas por sobre las cabezas; otros trepan un volcán, y le clavan en el belfo encendido la bandera libertadora. Pero ninguno es más bello que un hombre de frente montuosa, de mirada que le ha comido el rostro, de capa que le aletea sobre el potro volador, de busto inmóvil en la lluvia del fuego o la tormenta, ¡de espada a cuya luz vencen cinco naciones! Enfrena su retinto, desmadejado el cabello en la tempestad del triunfo, y ve pasar, entre la muchedumbre que le ha ayudado a echar atrás la tiranía, el gorro frigio de Ribas, el caballo dócil de Sucre, la cabeza rizada de Pilar, el dolmán rojo de Páez, el látigo desflecado de Códoba, o el cadáver del coronel que sus soldados se llevan envuelto en la bandera. Yérguese en el estribo, suspenso como la naturaleza, a ver a Páez en Las Queseras dar las cargas con su puñado de lanceros, y a vuelo de caballo, plegándose y abriéndose, acorralar en el polvo y la tiniebla al hormiguero enemigo. Mira, húmedos los ojos, el ejército de gala, antes de la batalla de Carabobo, al aire colores y divisas, los pabellones viejos cerrados por un muro vivo, las músicas todas sueltas a la vez, el sol en el acero alegre ¡y en todo el campamento el júbilo misterioso de la casa en que va a nacer un hijo! ¡Y más bello que nunca fue en Junín, envuelto entre las sombras de la noche, mientras que en pálido silencio se astillan contra el brazo triunfante de América las últimas lanzas españolas!

...Y luego, poco tiempo después, desencajado, el pelo hundido por las sienes enjutas, la mano seca como echando atrás el mundo, el héroe dice en su cama de morir: «¡José! ¡José!, vámonos, que de aquí nos echan; ¿adónde iremos?» Su Gobierno nada más se había venido abajo, pero él acaso creyó que lo que se derrumbaba era la República; acaso, como que de él se dejaron domar, mientras duró el encanto de la independencia, los recelos y personas locales, paró en desconocer, o dar por nulas o menores, estas fuerzas de realidad que desaparecían después del triunfo; acaso, temeroso de que las aspiraciones rivales le devorasen los pueblos recién nacidos, buscó en la sujeción, odiosa al hombre, el equilibrio político, sólo constante cuando se fía a la expansión, infalible en un régimen de justicia y más firme cuanto más desatada.

Acaso, en sueño de gloria, para la América y para sí, no vio que la unidad de espíritu, indispensable a la salvación y dicha de nuestros pueblos americanos, padecía, más que se ayudaba, con su unión en formas teóricas y artificiales que no se acomodaban sobre el seguro de la realidad; acaso el genio previsor que proclamó que la salvación de nuestra América está en la acción una y compacta de sus Repúblicas, en cuanto a sus relaciones con el mundo y al sentido y conjunto de su porvenir, no pudo, por no tenerla en el redaño, ni venirle del hábito ni de la casta, conocer la fuerza moderadora del alma popular, de la pelea de todos en abierta lid, que salva, sin más ley que la libertad verdadera, a las Repúblicas; erró acaso el padre angustiado en el instante supremo de los creadores políticos, cuando un deber les aconseja ceder a nuevo mando su creación, porque el título de usurpador no la desluzca o ponga en riesgo, y otro deber, tal vez en el misterio de su idea creadora superior, los mueve a arrostrar por ella hasta la deshonra de ser tenidos por usurpadores.

¡Y eran las hijas de su corazón, aquéllas que sin él se desangraban en lucha infausta y lenta, aquellas que por su magnanimidad y tesón vinieron a la vida, las que le tomaban de las manos, como que de ellas era la sangre y el porvenir, el Poder de regirse conforme a sus pueblos y necesidades! ¡Y desaparecía la conjunción, más larga que la de los astros del cielo, de América y Bolívar para la obra de la independencia, y se revelaba el desacuerdo patente entre Bolívar, empeñado en unir bajo un Gobierno central y distante los países de la revolución americana, nacida con múltiples cabezas, del ansia de Gobierno local, con la gente de la casa propia! «¡José, José!, vámonos, que de aquí nos echan; ¿adónde iremos?...»

¿Adónde irá Bolívar? ¡Al respeto del mundo y a la ternura de los americanos! ¡A esta casa amorosa, donde cada hombre le debe el goce ardiente de sentirse como en brazos de los suyos en los de todo hijo de América, y cada mujer recuerda enamorada a aquél que se apeó siempre del caballo de la gloria para agradecer una corona o una flor a la hermosura! ¡A la justicia de los pueblos, que por el error posible de las formas, impacientes o personales, sabrán ver el empuje que con ellas mismas, como de mano potente en lava blanca, dio Bolívar a las ideas madres de América! ¿Adónde irá Bolívar? ¡Al brazo de los hombres, para que defiendan de la nueva codicia y del terco espíritu viejo la tierra donde será dichosa y bella la humanidad! ¡A los pueblos callados, como un beso de padre! ¡A los hombres del rincón y de lo transitorio, a las panzas aldeanas y los cómodos harpagones, para que, a la hoguera que fue aquella existencia, vean la hermandad indispensable al continente y los peligros y la grandeza del porvenir americano! ¿Adónde irá Bolívar?... Ya el último virrey de España yacía con cinco heridas, iban los tres siglos atados a la cola del caballo llanero, y con la casaca de la victoria y el elástico de lujo venía al paso del Libertador, entre el ejército, como de baile, y al balcón de los cerros asomado el gentío y como flores en jarrón, saliéndose por las cuchillas de las lomas, los mazazos de banderas. El Potosí aparece al fin, roído y ensangrentado; los cinco pabellones de los pueblos nuevos, con verdaderas llamas, flameaban en la cúspide de la América resucitada: estallan los morteros a anunciar al héroe; y sobre las cabezas, descubiertas de respeto y espanto, todo por largo tiempo el estampido con que de cumbre en cumbre respondían, saludándolo, los montes. ¡Así, de hijo en hijo, mientras la América viva, el eco de su nombre resonará en lo más viril y honrado de nuestras entrañas!

JULIÁN DEL CASAL

Aquel nombre tan bello, que al pie de los versos tristes y joyantes parecía invención romántica más que realidad, no es ya el nombre de un vivo. Aquel fino espíritu, aquel cariño medroso y tierno, aquella ideal peregrinación, aquel melancólico amor a la hermosura ausente de su tierra nativa, porque las letras sólo pueden ser enlutadas o hetairas en un país sin libertad, ya no son hoy más que un puñado de versos, impresos en papel infeliz, como dicen que fue la vida del poeta.

De la beldad vivía prendida su alma; del cristal tallado y de la levedad japonesa; del color del ajenjo y de las rosas del jardín; de mujeres de perla, con ornamentos de plata labrada; y él, como Cellini, ponía en un salero a Júpiter. Aborrecía lo falso y pomposo. Murió, de su cuerpo endeble, o del pesar de vivir, con la fantasía elegante y enamorada, en un pueblo servil y deforme. De él se puede decir que, pagado del arte, por gustar del de Francia tan de cerca, le tomó la poesía nula, y de desgano falso e innecesario, con que los orífices del verso parisiense entretuvieron estos años últimos el vacío ideal de su época transitoria. En el mundo, si se lleva con dignidad, hay aún poesía para mucho; todo es el valor moral con que se encare y dome la injusticia aparente de la vida; mientras haya un bien que hacer, un derecho que defender, un libro sano y fuerte que leer, un rincón de monte, una mujer buena, un verdadero amigo, tendrá vigor el corazón sensible para amar y loar lo bello y ordenado de la vida, odiosa a veces por la brutal maldad con que suelen afearla la venganza y la codicia. El sello de la grandeza es ese triunfo. De Antonio Pérez es esta verdad: «Sólo los grandes estómagos digieren veneno.»

Por toda nuestra América era Julián del Casal muy conocido y amado, y ya se oirán los elogios y las tristezas. Y es

que en América está ya en flor la gente nueva, que pide peso
a la prosa y condición al verso, y quiere trabajo y realidad en
la política y en la literatura. Lo hinchado cansó, y la política
hueca y rudimentaria, y aquella falsa lozanía de las letras que
recuerda los perros aventados del loco de Cervantes (1). Es
como una familia en América esta generación literaria, que
precipitó por el rebusco imitado, y está ya en la elegancia
suelta y concisa, y en expresión artística y sincera, breve y
tallada, del sentimiento personal y del juicio criollo y directo.
El verso, para estos trabajadores, ha de ir sonado y volando.
El verso, hijo de la emoción, ha de ser fino y profundo, como
una nota de arpa. No se ha de decir lo raro, sino el instante
raro de la emoción noble o graciosa. Y ese verso, con aplauso
y cariño de los americanos, era el que trabajaba Julián del
Casal. Y luego había otra razón para que lo amasen, y fue
que la poesía doliente y caprichosa, que le vino de Francia
con la rima excelsa, paró por ser en él la expresión natural del
poco apego que artista tan delicado había de sentir por aquel
país de sus entrañas, donde la conciencia oculta o confesa de
la general humillación trae a todo el mundo como acorralado, o como con antifaz, sin gusto ni poder para la franqueza y
las gracias del alma. La poesía vive de honra.

Murió el pobre poeta y no lo llegamos a conocer. ¡Así vamos todos, en esta pobre tierra nuestra, partidos en dos, con
nuestras energías regadas por el mundo, viviendo sin persona
en los pueblos ajenos, y con la persona extraña sentada en los
sillones de nuestro pueblo propio! Nos agriamos en vez de
amarnos. Nos queremos como por entre las rejas de una prisión. ¡En verdad que es tiempo de acabar! Ya Julián del Casal
acabó, joven y triste. Quedan sus versos. La América lo quiere,
por fino y por sincero. Las mujeres lo lloran.

[*Patria*, 31 de octubre de 1893.]

---

(1) *Don Quijote*, prólogo de la parte II.

A SU MADRE

Montecristi, 25 de marzo de 1895.

Madre mía:

Hoy, 25 de marzo, en víspera de un largo viaje, estoy pensando en usted. Yo sin cesar pienso en usted. Usted se duele, en la cólera de su amor, del sacrificio de mi vida; y ¿por qué nací de usted con una vida que ama el sacrificio? Palabras, no puedo. El deber de un hombre está allí donde es más útil. Pero conmigo va siempre, en mi creciente y necesaria agonía, el recuerdo de mi madre.

Abrace a mis hermanas, y a sus compañeros. ¡Ojalá pueda algún día verlos a todos a mi alrededor, contentos de mí! Y entonces sí que cuidaré yo de usted con mimo y con orgullo. Ahora, bendígame, y crea que jamás saldrá de mi corazón obra sin piedad y sin limpieza. La bendición. Su

José Martí.

Tengo razón para ir más contento y seguro de lo que usted pudiera imaginarse. No son inútiles la verdad y la ternura. No padezca.

MANIFIESTO DE MONTECRISTI

El Partido Revolucionario Cubano a Cuba:

La revolución de independencia iniciada en Yara después de preparación gloriosa y cruenta, ha entrado en Cuba en un nuevo período de guerra, en virtud de orden y acuerdos del Partido Revolucionario en el extranjero y en la Isla, y de la ejemplar congregación, en él, de todos los elementos consagrados al saneamiento y emancipación del país, para bien de América y del mundo; y los representantes electos de la revolución que hoy se confirma, reconocen y acatan su deber (sin usurpar el acento y las declaraciones sólo propias de la majestad de la República constituida) de repetir ante la patria —que no se ha de ensangrentar sin razón, ni sin justa esperanza de triunfo— los propósitos precisos, hijos del juicio y ajenos a la venganza, con que se ha compuesto y llegará a su victoria racional la guerra inextinguible que hoy lleva a los combates, en conmovedora y prudente democracia, los elementos todos de la sociedad de Cuba.

La guerra no es, en el concepto sereno de los que aún hoy la representan, y de la revolución pública y responsable que los eligió, el insano triunfo de un partido cubano sobre otro, o la humillación siquiera de un grupo equivocado de cubanos; sino la demostración solemne de la voluntad de un país harto probado en la guerra anterior para lanzarse a la ligera en un conflicto sólo terminable por la victoria o el sepulcro, sin causas bastante profundas para sobreponerse a las cobardías humanas y sus varios disfraces, y sin determinación tan respetable, por ir firmada por la muerte, que debe imponer silencio a aquellos cubanos menos venturosos que no se sienten poseídos de igual fe en las capacidades de su pueblo ni de valor igual con que emanciparlo de su servidumbre.

La guerra no es la tentativa caprichosa de una independencia más temible que útil, que sólo tendrían derecho a demorar o condenar los que mostrasen la virtud y el propósito de conducirla a otra más viable y segura, y que no debe en verdad apetecer un pueblo que no la pueda sustentar; sino el producto disciplinado de la reunión de hombres enteros que en el reposo de la experiencia se han decidido a encarar otra vez los peligros que conocen, y de la congregación cordial de los cubanos de más diverso origen, convencidos de que en la conquista de la libertad se adquieren mejor que en el abyecto abatimiento las virtudes necesarias para mantenerla.

La guerra no es contra el español que, en el seguro de sus hijos y en el acatamiento a la patria que se ganen, podrá gozar respetado, y aun amado, de la libertad, que sólo arrollará a los que le salgan, improvisadores, al camino. Ni del desorden, ajeno a la moderación probada del espíritu de Cuba, será cuna la guerra; ni de la tiranía. Los que la fomentaron, y pueden aún llevar su voz, declaran en nombre de ella ante la patria su limpieza de todo odio, su indulgencia fraternal para con los cubanos tímidos o equivocados, su radical respeto al decoro del hombre, nervio del combate y cimiento de la República, su certidumbre de la aptitud de la guerra para ordenarse de modo que contenga la redención que la inspira, la relación en que un pueblo debe vivir con los demás, y la realidad que la guerra es, y su terminante voluntad de respetar, y hacer que se respete, al español neutral y honrado, en la guerra y después de ella, y de ser piadosa con el arrepentimiento, e inflexible sólo con el vicio, el crimen y la inhumanidad. En la guerra que se ha reanudado en Cuba no ve la revolución las causas del júbilo que pudiera embargar al heroísmo irreflexivo, sino las responsabilidades que deben preocupar a los fundadores de pueblos.

Entra Cuba en la guerra con la plena seguridad, inaceptable sólo a los cubanos sedentarios y parciales, de la competencia de sus hijos para obtener el triunfo por la energía de la revolución pensadora y magnánima, y de la capacidad de los cubanos, cultivada en diez años primeros de fusión sublime, y en las prácticas modernas del gobierno y el trabajo, para salvar la patria desde su raíz de los desacomodos y tanteos, necesarios al principio del siglo, sin comunicaciones y sin preparación, en las Repúblicas feudales y teóricas de Hispanoamérica. Punible ignorancia o alevosía fuera desconocer las causas a menudo gloriosas y ya generalmente redimidas de los trastornos americanos, venidos del error de ajustar a moldes extranjeros, de dogma incierto o mera relación a su lugar de origen, la realidad ingenua de los países que conocían sólo de las libertades el ansia que las conquista y la soberanía que se gana con pelear por ellas. La concentración de la cultura meramente literaria en las capitales; el erróneo apego de las Repúblicas a las costumbres señoriales de la colonia; la creación de caudillos rivales consiguiente al trato receloso e imperfecto de las comarcas apartadas; la condición rudimentaria de la única industria, agrícola o ganadera, y el abandono y desdén de la fecunda raza indígena en las disputas de credo o localidad que esas causas de los trastornos en los pueblos de América mantenían, no son de ningún modo los problemas de la sociedad cubana. Cuba vuelve a la guerra con un pueblo democrático y culto, conocedor celoso de su derecho y del ajeno, o de cultura mucho mayor, en lo más humilde de él, que las masas llaneras o indias con que, a la voz de los héroes primados de la emancipación, se mudaron de hatos en naciones las silenciosas colonias de América; y en el crucero del mundo, al servicio de la guerra y a la fundación de la nacionalidad, le vienen a Cuba, del trabajo creador y conservador en los pueblos más hábiles del orbe, y del propio esfuerzo en la persecución y miseria del país, los hijos lúcidos, magnates o siervos, que de la época primera de acomodo, ya vencida, entre los componentes heterogéneos de la nación cubana, salieron a preparar, o en la misma Isla continuaron preparando, con su propio perfeccionamiento, el de la nacionalidad a que concurren hoy con la firmeza de sus personas laboriosas y el seguro de su educación republicana.

El civismo de sus guerreros; el cultivo y benignidad de sus artesanos; el empleo real y moderno de un número vasto de sus inteligencias y riquezas; la peculiar moderación del campesino sazonada en el destierro y en la guerra; el trato íntimo y diario y la rápida e inevitable unificación de las diversas secciones del país; la admiración recíproca de las virtudes iguales entre los cubanos que de las diferencias de la esclavitud pasaron a la hermandad del sacrificio, y la benevolencia y aptitud crecientes del liberto, superiores a los raros ejemplos de su desvío o encono, aseguran a Cuba, sin ilícita ilusión, un porvenir en que las condiciones de asiento y de trabajo inmediato de un pueblo feraz en la República justa, excederán a las de disociación y parcialidad provenientes de la pereza o arrogancia que la guerra a veces cría; el rencor ofensivo de una minoría de amos caída de sus privilegios; de la censurable premura con que una minoría aún invisible de libertos descontentos pudiera aspirar con violación funesta del albedrío y naturaleza humanos, al respeto social que sola y seguramente ha de venirles de la igualdad probada en las virtudes y talentos; y de la súbita desposesión, en gran parte de los pobladores letrados de las ciudades, de la suntuosidad o abundancia relativa que hoy les viene de las gabelas inmorales y fáciles de la colonia, y de los oficios que habrán de desaparecer con la libertad. Un pueblo libre, en el trabajo abierto a todos, enclavado a las bocas del Universo rico e industrial, suscitará sin obstáculo, y con ventaja, después de una guerra inspirada en la más pura abnegación, y mantenida conforme a ella, al pueblo avergonzado donde el bienestar sólo se obtiene a cambio de la complicidad expresa o tácita con la tiranía de los extranjeros menesterosos que los desangran y corrompen. No dudan de Cuba, ni de sus aptitudes para obtener y gobernar su independencia, los que en el heroísmo de la muerte y en el de la fundación callada de la patria ven resplandecer de continuo, en grandes y en pequeños, las dotes de concordia y sensatez sólo inadvertibles para los que, fuera del alma real de su país, lo juzgan, en el arrogante concepto de sí propios, sin más poder de rebeldía y creación que el que asoma tímidamente en la servidumbre de sus quehaceres coloniales.

De otro temor quisiera acaso valerse hoy, so pretexto de prudencia, la cobardía: el temor insensato, y jamás en Cuba justificado, a la raza negra. La revolución, con su carga de mártires, y de guerreros subordinados y generosos, desmiente indignada, como desmiente la larga prueba de la emigración y de la tregua en la Isla, la tacha de amenaza de la raza negra con que se quisiese inicuamente levantar, por los beneficiarios del régimen de España, el miedo a la revolución. Cubanos hay ya en Cuba de uno y otro color, olvidados para siempre —con la guerra emancipadora, y el trabajo donde unidos se gradúan—, del odio en que los pudo dividir la esclavitud. La novedad y aspereza de las relaciones sociales, consiguientes a la mudanza súbita del hombre ajeno en propio, son menores que la sincera estimación del cubano blanco por el alma igual, la afanosa cultura, el fervor del hombre libre, y el amable carácter de su compatriota negro. Y si a la raza le naciesen demagogos inmundos, o almas ávidas cuya impaciencia propia azuzase la de su color, o en quien se convirtiera en injusticia con los demás la piedad por los suyos —con su agradecimiento y su cordura, y su amor a la patria —con su convicción de la necesidad de desautorizar por la prueba patente de la inteligencia y la virtud del cubano negro la opinión que aún reina de su incapacidad para ellas, y con la posesión de todo lo real del derecho humano, y el consuelo y fuerza de la estimación de cuanto en los cubanos blancos hay de justo y generoso—, la misma raza extirparía en Cuba el peligro negro, sin que tuviera que alzarse a él una sola mano blanca. La revolución lo sabe y lo proclama; la emigración lo proclama también. Allí no tiene el cubano negro escuelas de ira, como no tuvo en la guerra una sola culpa de ensoberbecimiento indebido o de insubordinación. En sus hombros anduvo segura la República, a que no atentó jamás. Sólo los que odian al negro ven en el negro odio, y los que con semejante miedo injusto traficasen, para sujetar, con inapetecible oficio, las manos que pudieran erguirse a expulsar de la tierra cubana al ocupante corruptor.

En los habitantes españoles de Cuba, en vez de la deshonrosa ira de la primera guerra, espera hallar la revolución, que ni lisonjea ni teme, tan afectuosa neutralidad o tan veraz ayuda, que por ellas vendrá a ser la guerra más breve, sus desastres menores, y más fácil y amiga la paz en que han de vivir juntos padres e hijos. Los cubanos empezamos la guerra, y los cubanos y los españoles la terminaremos. No nos maltraten, y no se les maltratará. Respeten, y se les respetará. Al acero responda el acero, y la amistad a la amistad.

En el pecho antillano no hay odio; y el cubano saluda en la muerte al español a quien la crueldad del ejército forzoso arrancó de su casa y su terruño para venir a asesinar en pechos de hombre la libertad que él mismo ansía. Más que saludarlo en la muerte, quisiera la revolución acogerlo en vida; y la República será tranquilo hogar para cuantos españoles de trabajo y honor gocen en ella de la libertad y bienes que no han de hallar aún por largo tiempo en la lentitud, desidia y vicios políticos de la tierra propia. Éste es el corazón de Cuba, y así será la guerra. ¿Qué enemigos españoles tendrá verdaderamente la revolución? ¿Será el ejército, republicano en mucha parte, que ha aprendido a respetar nuestro valor, como nosotros respetamos el suyo, y más siente impulsos a veces de unírsenos que de combatirnos? ¿Serán los quintos, educados ya en las ideas de humanidad, contrarias a derramar sangre de sus semejantes en provecho de un cetro inútil o una patria codiciosa, los quintos segados en la flor de su juventud para venir a defender, contra un pueblo que les acogería alegre como ciudadanos libres, un trono mal sujeto, sobre la nación vendida por sus guías, con la complicidad de sus privilegios y sus logros? ¿Será la masa, hoy humana y culta, de artesanos y dependientes, a quienes, so pretexto de patria, arrastró ayer a la ferocidad y al crimen el interés de los españolees acaudalados que hoy, con los más de sus fortunas salvas en España, muestran menos celos que aquél con que ensangrentaron la tierra de su riqueza cuando los sorprendió en ella la guerra con toda su fortuna? ¿O serán los fundadores de familia y de industrias cubanas, fatigados ya del fraude de España y de su desgobierno, y como el cubano vejados y oprimidos, los que, ingratos e imprudentes, sin miramiento por la paz de sus casas y la conservación de una riqueza que el régimen de España amenaza más que la revolución, se revuelvan contra la tierra que de tristes rústicos los ha hecho esposos felices, y dueños de una prole capaz de morir sin odio por asegurar al padre sangriento un pueblo libre al fin de la discordia permanente entre el criollo y el peninsular, donde la honrada fortuna pueda mantenerse sin cohecho y desarrollarse sin zozobra, y el hijo no vea entre el beso de sus labios y la mano de su padre la sombra aborrecida del opresor? ¿Qué suerte elegirán los españoles: la guerra sin tregua, confesa o disimulada, que amenaza y perturba las relaciones siempre inquietas y violentas del país, o la paz definitiva, que jamás se conseguirá en Cuba sino con la independencia? ¿Enconarán y ensangrentarán los españoles arraigados en Cuba la guerra en que pueden quedar vencidos? ¿Ni con qué derecho nos odiarán los españoles, si los cubanos no los odiamos? La revolución emplea sin miedo este lenguaje, porque el decreto de emancipar de una vez a Cuba de la ineptitud y corrupción irremediables del Gobierno de España, y abriría franca para todos los hombres al mundo nuevo, es tan terminante como la voluntad de mirar como a cubanos, sin tibio corazón ni amarguras, a los españoles que por su pasión de libertad ayuden a conquistarla en Cuba, y a los que con su respeto a la guerra de hoy rescaten la sangre que la de ayer mandó a sus golpes del pecho de sus hijos.

En las formas que se dé la revolución, conocedora de su desinterés, no hallará sin duda pretexto de reproche la vigilante cobardía que en los errores formales del país naciente, o en su poca suma visible de República, pudiese procurar razón con que negarle la sangre que le adeuda. No tendrá el patriotismo puro causa de temor por la dignidad y suerte futura de la patria. La dificultad de las guerras de independencia en América, y la de sus primeras nacionalidades, ha estado, más que en la discordia de sus héroes y en la emulación y recelo inherentes al hombre, en la falta oportuna de forma que a la vez contenga el espíritu de redención que, con apoyo de ímpetus menores, promueve y nutre la guerra, y las prácticas necesarias a la guerra, y que ésta debe desembarazar y sostener. En la guerra inicial ha de hallar el país maneras tales de gobierno, que a un tiempo satisfagan la inteligencia madura y suspicaz de sus hijos cultos, y las condiciones requeridas para la ayuda y respeto de los demás pueblos, y permitan —en vez de entrabar— el desarrollo pleno y término rápido de la guerra fatalmente necesaria a la felicidad pública. Desde sus raíces se ha de constituir la patria con formas viables, y de sí propias nacidas, de modo que un Gobierno sin realidad ni sanción no la conduzca a las parcialidades o a la tiranía. Sin atentar, con desordenado concepto de su deber, al uso de las facultades íntegras de constitución, con que se ordenen y acomoden, en su responsabilidad peculiar ante el mundo contemporáneo, liberal e impaciente, los elementos expertos y novicios, por igual movidos de ímpetu ejecutivo y pureza ideal, que con nobleza idéntica, y el título inexpugnable de su sangre, se lanzan, tras el alma y guía de los primeros héroes, a abrir a la humanidad una República trabajadora, sólo es lícito al Partido Revolucionario Cubano declarar su fe en que la revolución ha de hallar

formas que le aseguren, en la unidad y vigor indispensables a
una guerra culta, el entusiasmo de los cubanos, la confianza
de los españoles y la amistad del mundo. Conocer y fijar la
realidad; componer en molde natural la realidad de las ideas
que producen o apagan los hechos, y la de los hechos que
nacen de las ideas; ordenar la revolución del decoro, el sacrificio y la cultura de modo que no quede el decoro de un solo
hombre lastimado, ni el sacrificio parezca inútil a un solo cubano, ni la revolución inferior a la cultura del país, no a la
extranjeriza y desautorizada cultura que se enajena el respeto
de los hombres viriles por la ineficacia de sus resultados y el
contraste lastimoso entre la poquedad real y la arrogancia de
sus estériles poseedores, sino al profundo conocimiento de la
labor del hombre en el rescate y sostén de su dignidad: ésos
son los deberes y los intentos de la revolución. Ella se regirá
de modo que la guerra, pujante y capaz, dé pronto casa firme a
la nueva República.

La guerra sana y vigorosa desde el nacer con que hoy reanuda Cuba, con todas las ventajas de su experiencia, la victoria asegurada a las determinaciones finales, el esfuerzo ex-
celso, jamás recordado sin unción, de sus inmarcesibles héroes,
no es sólo hoy el piadoso anhelo de dar vida plena al pueblo
que, bajo la inmoralidad y ocupación crecientes de un amo
inepto, desmigaja o pierde su fuerza superior en la patria so-
focada o en los destierros esparcidos. Ni es la guerra insufi-
ciente prurito de conquistar a Cuba, con el sacrificio tentador,
la independencia política, que sin derecho pediría a los cubanos su brazo si con ella no fuese la esperanza de crear una
patria más a la libertad del pensamiento, la equidad de las
costumbres y la paz del trabajo. La guerra de independencia de
Cuba, nudo del haz de islas donde se ha de cruzar, en plazo
de pocos años, el comercio de los continentes, es suceso de gran
alcance humano, y servicio oportuno que el heroísmo juicioso
de las Antillas presta a la firmeza y trato justo de las naciones
americanas, y al equilibrio aún vacilante del mundo. Honra
y conmueve pensar que cuando cae en tierra de Cuba un guerrero de la independencia, abandonado tal vez por los pueblos
incautos o indiferentes a quienes se inmola, cae por el bien
mayor del hombre, la confirmación de la República moral en
América y la creación de un archipiélago libre donde las naciones respetuosas derramen las riquezas que a su paso han
de caer sobre el crucero del mundo. ¡Apenas podría creerse
que con semejantes mártires, y tal vez porvenir, hubiera cubanos que atasen a Cuba a la monarquía podrida y aldeana
de España, y a su miseria inerte y viciosa!

A la revolución cumplirá mañana el deber de explicar de
nuevo al país y a las naciones las causas locales, y de idea e
interés universal, con que para el adelanto y servicio de la

humanidad reanuda el pueblo emancipador de Yara y de Guáimaro una guerra digna del respeto de sus enemigos y el apoyo de los pueblos, por el rígido concepto del derecho del hombre, y su aborrecimiento de la venganza estéril y la devastación inútil. Hoy, al proclamar desde el umbral de la tierra veneranda el espíritu y doctrinas que produjeron y alientan la guerra entera y humanitaria en que se une aún más al pueblo de Cuba, invencible e indivisible, séanos lícito invocar, como guía y ayuda de nuestro pueblo, a los magnánimos fundadores, cuya labor renueva el país agradecido, y al honor, que ha de impedir a los cubanos herir, de palabra o de obra, a los que mueren por ellos. Y al declarar así, en nombre de la patria, y al deponer ante ella y ante su libre facultad de constitución la obra idéntica de dos generaciones, suscriben juntos la declaración, por la responsabilidad común de su representación, y en muestra de la unidad y solidez de la revolución cubana, el delegado del Partido Revolucionario Cubano, creado para ordenar y auxiliar la guerra actual, y el general en jefe electo en él por todos los miembros activos del Ejército Libertador.

Montecristi, 25 de marzo de 1895.

José Martí.—Máximo Gómez.

A FEDERICO HENRÍQUEZ Y CARVAJAL

Montecristi, 25 de marzo de 1895.

Amigo y hermano: Tales responsabilidades suelen caer sobre los hombres que no niegan su poca fuerza al mundo y viven para aumentarle el albedrío y decoro, que la expresión queda como vedada e infantil, y apenas se puede poner en una enjuta frase lo que se diría al tierno amigo en un abrazo. Así yo ahora, al contestar, en el pórtico de un gran deber, su generosa carta. Con ella me hizo el bien supremo, y me dio la única fuerza que las grandes cosas necesitan, y es saber que nos la ve con fuego un hombre cordial y honrado. Escasos, como los montes, son los hombres que saben mirar desde ellos y sienten con entrañas de nación o de humanidad. Y queda, después de cambiar mano con uno de ellos, la interior limpieza que debe quedar, después de ganar, en causa justa una buena batalla. De la preocupación real de mi espíritu, porque usted me la adivina entera, no le hablo de propósito. Escribo, conmovido, en el silencio de un hogar que por el bien de mi patria va a quedar, hoy mismo acaso, abandonado. Lo menos que, en agradecimiento de esa virtud, puedo yo hacer, puesto que así más ligo que quebranto deberes, es encarar la muerte, si nos espera en la tierra o en el mar, en compañía del que, por la obra de mis manos y el respeto de la propia suya y la pasión del alma común de nuestras tierras, sale de su casa enamorada y feliz a pisar, con una mano de valientes, la patria cuajada de enemigos. De vergüenza me iba muriendo —aparte de la convicción mía de que mi presencia hoy en Cuba es tan útil por lo menos como afuera—, cuando creí que en tamaño riesgo pudieran llegar a convencerme de que era mi obligación dejarlo ir solo, y de que un pueblo se deja servir, con cierto desdén y despego, de quien predicó la necesidad de morir, y no empezó por poner en riesgo su vida.

Donde esté mi deber mayor, adentro o afuera, allí estaré yo. Acaso me sea dable u obligatorio, según hasta hoy parece, cumplir ambos. Acaso pueda contribuir a la necesidad primaria de dar a nuestra guerra renaciente forma tal, que lleve en germen visible, sin minuciosidades inútiles, todos los principios indispensables al crédito de la Revolución y a la seguridad de la República.

La dificultad de nuestras guerras de independencia, y la razón de lo lento o imperfecto de su eficacia, ha estado, más que en la falta de estimación mutua de sus fundadores y en la emulación inherente a la naturaleza humana, en la falta de forma que a la vez contuviese el espíritu de redención y decoro que, con suma activa de ímpetus de pureza menor, promueven y mantienen la guerra y las prácticas y personas de la guerra. La otra dificultad de que nuestros pueblos amos y literarios no han salido aún, es la de combinar, después de la emancipación, tales maneras de Gobierno que, sin descontentar a la inteligencia primada del país, contengan —y permitan el desarrollo natural y ascendente— a los elementos más numerosos e incultos, a quienes un Gobierno artificial, aun cuando fuera bello y generoso, llevara a la anarquía o a la tiranía.

Yo evoqué la guerra: mi responsabilidad comienza con ella, en vez de acabar. Para mí la patria no será nunca triunfo, sino agonía y deber. Ya arde la sangre. Ahora hay que dar respeto y sentido humano y amable al sacrificio; hay que hacer viable e inexpugnable a la guerra: si ella me manda, conforme a mi deseo único, quedarme, me quedo en ella: si me manda, clavándome el alma, irme lejos de los que mueren *como yo sabría morir,* también tendré ese valor. Quien piensa en sí no ama a la patria: y está el mal de los pueblos, por más que a veces se lo disimulen sutilmente, en los estorbos o prisas que el interés de sus representantes ponen al curso natural de los sucesos. De mí espere la deposición absoluta y continua.

Yo alzaré el mundo. Pero mi único deseo sería pegarme allí, al último tronco, al último peleador: morir callado. *Para mí ya es hora.* Pero aún puedo servir a este único corazón de nuestras Repúblicas. Las Antillas libres salvarán la independencia de nuestra América y el honor ya dudoso y lastimado de la América inglesa, y acaso acelerarán y fijarán el equilibrio del mundo. Vea lo que hacemos, usted con sus canas juveniles, y yo, a rastras, con mi corazón roto.

De Santo Domingo, ¿por qué no le he de hablar? ¿Es eso cosa distinta de Cuba? Usted no es cubano, ¿y hay quien lo sea mejor que usted? ¿Y Gómez no es cubano? ¿Y yo qué soy, y quién me fija suelo? ¿No fue mía, y orgullo mío, el alma que me envolvió, y alrededor mío palpitó a la voz de usted en la noche inolvidable y viril de la Sociedad de Amigos? Esto es aquello, y va con aquello. Yo obedezco, y aún diré que acato, como superior dispensación, y como ley americana, la necesidad feliz de partir, al amparo de Santo Domingo, para la guerra de libertad de Cuba. Hagamos por sobre la mar, a sangre y a cariño, lo que por el fondo de la mar hace la cordillera de fuego andino.

Me arranco de usted, y le dejo con mi abrazo entrañable el ruego de que en mi nombre, que sólo vale por ser hoy el de mi Patria, agradezca por hoy, y para mañana, cuanto justicia y caridad reciba Cuba. A quien me la ama, le digo en un gran grito, ¡hermano! Y no tengo más hermanos que los que me la aman.

Adiós, y a mis nobles e indulgentes amigos. Debo a usted un goce de altura y de limpieza en lo áspero y feo de este Universo humano. Levante bien la voz: que si caigo, será también por la independencia de su Patria.

Su

José Martí.

A GONZALO DE QUESADA

Montecristi, 1 de abril de 1895.

Gonzalo querido:

De mis libros no le he hablado. Consérvenlos, puesto que siempre necesitará la oficina, y más ahora, a fin de venderlos para Cuba en una ocasión propicia, salvo los de la Historia de América, o cosas de América —geografía, letras, etc.—, que usted dará a Carmita a guardar, por si salgo vivo, o me echan y vuelvo con ellos a ganar el pan. Todo lo demás lo vende en una hora oportuna. Usted sabrá cómo. Envíemele a Carmita los cuadros y ella irá a recoger todos los papeles. Usted aún no tiene casa fija, y ella los unirá a los que ya me guarda. Ni ordene los papeles, ni saque de ellos literaturas; todo eso está muerto, y no hay aquí nada digno de publicación, en prosa ni en verso: son meras notas. De lo impreso, caso de necesidad, con la colección de *La Opinión Nacional*, la de *La Nación*, la del *Partido Liberal*, la de la *América* hasta que cayó en Pérez y aun luego la del *Economista*, podrá irse escogiendo el material de los seis volúmenes principales. Y uno o dos de discursos y artículos cubanos. No desmigaje el pobre *Lalla Rookh* que se quedó en su mesa. Antonio Batres, de Guatemala, tiene un drama mío, o borrador dramático, que en unos cinco días me hizo escribir el Gobierno sobre la independencia guatemalteca. La *Edad de Oro*, o algo de ella, sufrirá reimpresión. Tengo mucha obra perdida en periódicos sin cuento; en México del 75 al 77; en la *Revista Venezolana*, donde están los artículos sobre Cecilio y Miguel Peña; en diarios de Honduras, Uruguay y Chile, en no sé cuántos prólogos... Si no vuelvo, y usted insiste en poner juntos mis papeles, hágame los tomos como pensábamos:

I.   Norteamericanos.
II. Norteamericanos.
III. Hispanoamericanos.
IV. Escenas norteamericanas.
V.   Libros de América.
VI. Letras, Educación y Pintura.

Y de versos podría hacer otro volumen: *Ismaelillo, Versos sencillos,* y lo más cuidado o significativo de uno *Versos libres* que tiene Carmita. No me los mezcle a otras formas borrosas, y menos características.

De los retratos de personajes que cuelgan en mi oficina, escoja dos usted, y otros dos Benjamín (1), y a Estrada (2), Wendell Phillips.

Material hallará en las fuentes que le digo para otros volúmenes: el IV podría doblarlo, y el VI.

Versos míos, no publique ninguno antes del *Ismaelillo;* ninguno vale un ápice. Los de después, al fin, ya son unos y sinceros.

Mis escenas, núcleos de dramas, que hubiera podido publicar o hacer representar así, y son un buen número, andan tan revueltas y en tal taquigrafía, en reversos de cartas y papeluchos, que sería imposible sacarlas a luz.

Y si usted me hace, de puro hijo, toda esa labor, cuando yo ande muerto, y le sobra de los costos, lo que será maravilla, ¿qué hará con el sobrante? La mitad será para mi hijo Pepe, la otra mitad para Carmita y María (3).

Ahora pienso que del *Lalla Rookh* se podría hacer tal vez otro volumen. Por lo menos, la *Introducción* podría ir en el volumen VI. Andará usted apurado para no hacer más que un volumen del material del VI. *El Dorador* pudiera ser uno de sus artículos, y otro *Vereshagin* y una reseña de los *pintores impresionistas,* y el *Cristo* de Munckazy. Y el prólogo de Sellén, y el de Bonalde —aunque es tan violento, y aquella prosa aún no había cuajado, y estaba como vino al romper—. Usted sólo elegirá por supuesto lo durable y esencial.

De lo que podría componerse una especie de *Espíritu,* como decían antes a esta clase de libros, sería de las salidas más pintorescas y jugosas que usted pudiera encontrar en mis artículos ocasionales. ¿Qué habré escrito sin sangrar, ni pintado sin haberlo visto antes con mis ojos? Aquí han guardado los *En casa* en un cuaderno grueso: resultan vivos y útiles.

----

(1) Benjamín Guerra.
(2) Tomás Estrada Palma.
(3) Carmen Miyares de Mantilla y su hija María.

De nuestros hispanoamericanos recuerdo a *San Martín, Bolívar, Páez, Peña, Heredia, Cecilio Acosta, Juan Carlos Gómez, Antonio Bachiller.*

De norteamericanos: *Emerson, Beecher, Cooper, W. Phillips, Grant, Sheridan, Whitman.* Y como estudios menores, y más útiles tal vez, hallará, en mis correspondencias, a *Arthur, Hendricks, Hancock, Conkling, Alcott,* y muchos más.

De Garfield escribí la emoción del entierro, pero el hombre no se ve, ni lo conocía yo, así que la celebrada descripción no es más que un párrafo de gacetilla. Y mucho hallará de Longfellow y Lanier, de Edison y Blaine, de poetas y políticos y artistas y generales menores. Entre en la selva y no cargue con rama que no tenga fruto.

De Cuba, ¿qué no habré escrito?: y ni una página me parece digna de ella; sólo lo que vamos a hacer me parece digno. Pero tampoco hallará palabra sin idea pura y la misma ansiedad y deseo de bien. En un grupo puede poner hombres, y en otro, aquellos discursos tanteadores y relativos de los primeros años de edificación, que sólo valen si se les pega sobre la realidad y se ve con qué sacrificio de la literatura se ajustaban a ella. Ya usted sabe que servir es mi manera de hablar. Esto es lista y entretenimiento de la angustia que en estos momentos nos posee. ¿Fallaremos también en la esperanza de hoy, ya con todo al cinto? Y para padecer menos, pienso en usted y en lo que no pienso jamás, que es en mi papelería.

Y falló aquel día la esperanza —el 25 de marzo—. Hoy, 1 de abril, parece que no fallará. Mi cariño a Gonzalo es grande, pero me sorprende que llegue, como siento ahora que llega, hasta a moverme a que le escriba, contra mi natural y mi costumbre, mis emociones personales. De ser mías solas, las escribiría; por el gusto de pagarle la ternura que le debo: pero en ellas habrían de ir las ajenas, y de eso no soy dueño. Son de grandeza en algunos momentos, y en los más, de indecible y prevista amargura. En la cruz murió el hombre en un día: pero se ha de aprender a morir en la cruz todos los días. Martí no se cansa, ni habla. ¿Conque ya le queda una guía para un poco de mis papeles?

De la venta de mis libros, en cuanto sepa usted que Cuba no decide que vuelva, o cuando —aún indeciso esto— el entusiasmo pudiera producir con la venta un dinero necesario, usted la dispone, con Benjamín hermano, sin salvar más que los libros sobre nuestra América —de historia, letras o arte—, que me serán base de pan inmediato, si he de volver, o si caemos vivos. Y todo el producto sea de Cuba, luego de pa-

gada mi deuda a Carmita: $ 220.—. Esos libros han sido mi
vicio y mi lujo, esos pobres libros casuales, y de trabajo. Jamás tuve los que deseé, ni me creía con derecho a comprar
los que no necesitaba para la faena. Podría hacer un curioso
catálogo, y venderlo, de anuncio y aumento de la venta. No
quisiera levantar la mano del papel, como si tuviera la de
usted en las mías; pero acabo, de miedo a caer en la tentación
de poner en palabras cosas que no caben en ellas.

Su

José Martí.

A MI MARÍA

Y mi hijita, ¿qué hace, allá en el Norte, tan lejos? ¿Piensa en la verdad del mundo, en saber, en querer —en saber, para poder querer—, querer con la voluntad, y querer con el cariño? ¿Se sienta, amorosa, junto a su madre triste? ¿Se prepara a la vida, al trabajo virtuoso e independiente de la vida, para ser igual o superior a los que vengan luego, cuando sea mujer, a hablarle de amores, a llevársela a lo desconocido, o a la desgracia, con el engaño de unas cuantas palabras simpáticas, o de una figura simpática? ¿Piensa en el trabajo, libre y virtuoso, para que la deseen los hombres buenos, para que la respeten los malos, y para no tener que vender la libertad de su corazón y su hermosura por la mesa y por el vestido? Eso es lo que las mujeres esclavas —esclavas por su ignorancia y su incapacidad de valerse— llaman en el mundo *amor*. Es grande amor; pero no es eso. Yo *amo* a mi hijita. Quien no la ame así, no la ama. Amor es delicadeza, esperanza fina, merecimiento y respeto. ¿En qué piensa mi hijita? ¿Piensa en mí?

Aquí estoy, en Cabo Haitiano; cuando no debía estar aquí. Creí no tener modo de escribirte en mucho tiempo, y te estoy escribiendo. Hoy vuelvo a viajar, y te estoy otra vez diciendo adiós. Cuando alguien me es bueno, y bueno a Cuba, le enseño tu retrato. Mi anhelo es que vivan muy juntas, su madre y ustedes, y que pases por la vida pura y buena. Espérame, mientras sepas que yo viva. Conocerás el mundo, antes de darte a él. Elévate, pensando y trabajando. ¿Quieres ver cómo pienso en ti, en ti y en Carmita? Todo me es razón de hablar de ti, el piano que oigo, el libro que veo, el periódico que llega.

Aquí te mando, en una hoja verde, el anuncio del periódico francés a que te suscribió Dellundé. El *Harper's Young People,* no lo leíste, pero no era culpa tuya, sino del periódico, que traía cosas muy inventadas, que no se sienten ni se ven, y más palabras de las precisas. Este *Petit Français* es claro y útil. Léelo, y luego enseñarás. Enseñar es crecer. Y por el correo te mando dos libros, y con ellos una tarea, que harás, si me quieres; y no harás, si no me quieres. Así, cuando esté en pena, sentiré como una mano en el hombro, o como un cariño en la frente, o como las sonrisas con que me entendías y consolabas —y será que estás trabajando en la tarea, y pensando en mí.

Un libro es *L'Histoire Générale,* un libro muy corto, donde está muy bien contada, y en lenguaje fácil y limpio, toda la Historia del mundo, desde los tiempos más viejos, hasta lo que piensan e inventan hoy los hombres. Son 180 páginas: yo quiero que tú traduzcas, en invierno o en verano, una página por día; pero traducida de modo que la entiendas, y de que la puedan entender los demás, porque mi deseo es que este libro de historia quede puesto por ti en buen español, de manera que se pueda imprimir, como libro de vender, a la vez que te sirva, a Carmita y a ti, para entender, entero, y corto, el movimiento del mundo, y poderlo enseñar. Tendrás, pues, que traducir el texto todo, con el resumen y lo que va al fin de cada capítulo, y las preguntas que están al pie de cada página; pero como éstas son para ayudar al que lee a recordar lo que ha leído, y ayudar al maestro a preguntar, tú las traducirás de modo que al pie de cada página escrita sólo vayan las preguntas que corresponden a esa página. El resumen lo traduces al acabar cada capítulo.

La traducción ha de ser natural, para que parezca como si el libro hubiese sido escrito en la lengua a que lo traduces —que en eso se conocen las buenas traducciones—. En francés hay muchas palabras que no son necesarias en español. Se dice —tú sabes— *il est,* cuando no hay *él* ninguno, sino para acompañar a *es,* porque en francés el verbo no va solo —y en español, la repetición de esas palabras de persona del *yo* y *él* y *nosotros* y *ellos* delante del verbo, ni es necesaria ni es graciosa—. Es bueno que al mismo tiempo que traduzcas —aunque no por supuesto a la misma hora— leas un libro escrito en castellano útil y sencillo, para que tengas en el oído y en el pensamiento la lengua en que escribes. Yo no recuerdo, entre lo que tú puedes tener a mano, ningún libro escrito en este español simple y puro. Yo quise escribir así en la *Edad de Oro,* para que los niños me entendiesen, y el lenguaje tuviera sentido y música. Tal vez debas leer, mientras estés traduciendo, *La Edad de Oro.* El francés de *L'Histoire Générale* es conciso y *directo*, como yo quiero que sea el castellano de tu traducción; de modo que debes imitarlo al traducir, y procurar usar sus mismas palabras, excepto cuando el *modo de decir francés*, cuando la *frase francesa* sea diferente en castellano.

Tengo, por ejemplo, en la página 19, en el párrafo número 6, esta frase delante de mí: «*Les Grecs ont les premiers cherché à se rendre compte des choses du monde.*» Por supuesto que no puedo traducir la frase así, palabra por palabra: «Los Griegos han los primeros buscado a darse cuenta de las cosas del mundo», porque eso no tiene sentido en español. Yo traduciría: «Los griegos fueron los primeros que trataron de entender las cosas del mundo.» Si digo: «Los griegos han tratado los primeros», etc., diré mal, porque no es español eso. Si digo diciendo «de darse cuenta», digo mal también, porque eso tampoco es español. Ve, pues, el cuidado con que hay que traducir, para que la traducción pueda entenderse y resulte elegante —y para que el libro no quede, como tantos libros traducidos, en la misma lengua extraña en que estaba—. Y el libro te entretendrá, sobre todo cuando llegues a los tiempos en que vivieron los personajes de que hablan los versos y las óperas. Es imposible entender una ópera bien —o la romanza de Hildegonda, por ejemplo— si no se conocen los sucesos de la Historia que la ópera cuenta, y si no se sabe quién es Hildegonda, y dónde y cuándo vivió, y qué hizo. Tu música no es así, mi María; sino la música que entiende y siente. Estudia, mi María; trabaja, y espérame.

Y cuando tengas bien traducida *L'Histoire Générale* en letra clara, a renglones iguales, y en páginas de buen margen, nobles y limpias, ¿cómo no habrá quien imprima —y venda para ti, venda para tu casa— este texto claro y completo de la Historia del hombre, mejor, y más atractivo y ameno, que todos los libros de enseñar Historia que hay en castellano? La página al día, pues: mi hijita querida. Aprende de mí. Tengo la vida a un lado de la mesa, y la muerte a otro, y un pueblo a las espaldas: y ve cuántas páginas te escribo.

El otro libro es para leer y enseñar: es un libro de 300 páginas, ayudado de dibujos, en que está, María mía, lo mejor —y todo lo cierto— de lo que se sabe de la naturaleza ahora. Ya tú leíste, o Carmita leyó antes que tú, las *Cartillas* de Appleton. Pues este libro es mucho mejor; más corto, más alegre, más lleno, de lenguaje más claro, escribe todo como que se lo ve. Lee el último capítulo, *La Physiologie Végétale*, la vida de las plantas, y verás qué historia tan poética y tan interesante. Yo la leo, y la vuelvo a leer, y siempre me parece nueva. Leo pocos versos, porque casi todos son artificiales o exagerados, y dicen en lengua forzada falsos sentimientos, o sentimientos sin fuerza ni honradez, mal copiados de los que los sintieron de verdad. Donde yo encuentro poesía mayor es en los libros de ciencia, en la vida del mundo, en el orden del mundo, en el fondo del mar, en la verdad y música del árbol, y su fuerza y amores, en lo alto del cielo, con sus familias de estrellas, y en la unidad del Universo, que encierra tantas cosas diferentes, y es todo uno, y reposa en la luz de la noche del trabajo productivo del día. Es hermoso asomarse a un colgadizo, y ver vivir al mundo: verlo nacer, crecer, cambiar, mejorar, y aprender en esa majestad continua el gusto de la verdad, y el desdén de la riqueza y la soberbia a que se sacrifica, y lo sacrifica todo, la gente inferior e inútil. Es como la elegancia, mi María, que está en el buen gusto, y no en el costo. La elegancia del vestido —la grande y verdadera— está en la altivez y fortaleza del alma. Un alma honrada, inteligente y libre, da al cuerpo más elegancia, y más poderío a la mujer, que las modas más ricas de las tiendas. Muchas tiendas, poca alma. Quien tiene mucho adentro, necesita poco afuera. Quien lleva mucho afuera, tiene poco adentro y quiere disimular lo poco.

Quien siente su belleza, la belleza interior, no busca afuera belleza prestada: se sabe hermosa, y la belleza echa luz. Procurará mostrarse alegre, y agradable a los ojos, porque es deber humano causar placer en vez de pena; y quien conoce la belleza la respeta y cuida en los demás y en sí. Pero no pondrá en un jarrón de China un jazmín: pondrá el jazmín, solo y ligero, en un cristal de agua clara. Ésta es la elegancia verdadera: que el vaso no sea más que la flor. Y esa naturalidad, y verdadero modo de vivir, con piedad para los vanos y pomposos, se aprende con encanto en la Historia de las criaturas de la Tierra.

Lean tú y Carmita el libro de Paul Bert; a los dos o tres meses vuelvan a leerlo; léanlo otra vez, y ténganlo cerca siempre, para una página u otra, en las horas perdidas. Así sí serán maestras, contando esos cuentos verdaderos a sus discípulas, en vez de tanto quebrado y tanto decimal, y tanto nombre inútil de cabo y de río, que se ha de enseñar sobre el mapa como de casualidad, para ir a buscar el país de que se cuenta el cuento, o donde vivió el hombre de que habla la historia. Y cuentas, pocas, sobre la pizarra, y no todos los días. Que las discípulas amen la escuela, y aprendan en ella cosas agradables y útiles.

Porque ya yo las veo este invierno, a ti y a Carmita, sentadas en su escuela, de nueve a una del día, trabajando las dos a la vez, si las niñas son de edades desiguales, y hay que hacer dos grupos, o trabajando una después de otra, con una clase igual para todas. Tú podrías enseñar piano y lectura, y español tal vez, después de leerlo un poco más; y Carmita una clase nueva de deletreo y composición a la vez, que sería la clase de gramática, enseñada toda en las pizarras, al dictado, y luego escribiendo lo dictado en el pizarrón, vigilando por que las niñas corrijan sus errores; y una clase de geografía, que fuese más geografía física que de nombres, enseñando cómo está hecha la tierra, y lo que alrededor la ayuda a ser, y de la otra geografía, las grandes divisiones, y éstas bien, sin mucha menudencia, ni demasiados detalles yanquis; y una clase de ciencias, que sería una conversación de Carmita, como un cuento de veras, en el orden en que está el libro de Paul Bert, si puede entenderlo bien ya y, si no, en el que mejor pueda idear, con lo que sabe de las cuartillas, y la ayuda de lo que en Paul Bert entienda, y astronomía. Para esa clase le ayudaría mucho un libro de Arabella Buckley, que se llama *The Fairy Land of Science,* y los libros de John Lubbosk, y sobre todo dos: *Fruits, Flowers and Leaves* y *Ants, Bees and Wasps.* Imagínate a Carmita contando a las niñas las amistades de las abejas y las flores, y las coqueterías de la flor con la abeja, y la inteligencia de las hojas, que duermen y quieren y se defienden, y las visitas y los viajes de las estrellas, y las casas de las hormigas. Libros pocos, y continuo hablar. Para Historia tal vez sean aún muy nuevas las niñas. Y el viernes una clase de muñecas, de cortar y coser trajes para muñecas, y repaso de música, y clase larga de escritura, y una clase de dibujo. Principien con dos, con tres, con cuatro niñas. Las demás vendrán. En cuanto sepan de esa escuela alegre y útil, y en inglés, los que tengan en otra escuela hijos, se los mandan allí: y si son de nuestra gente, les enseñan para más halago. en una clase de lectura explicada —explicando el sentido de las palabras— el español: no más gramática que ésa: la gramática la va descubriendo el niño en lo que lee y oye, y ésa es la única que le sirve. ¿Y si tú te esforzaras y pudieras enseñar francés como te lo enseñé yo a ti, traduciendo de libros naturales y agradables? Si yo estuviera donde tú no me pudieras ver, o donde ya fuera imposible la vuelta, sería orgullo grande el mío, y alegría grande, si te viera desde allí, sentada, con tu cabecita de luz, entre las niñas que irían así saliendo de tu alma —sentada, libre del mundo, en el trabajo independiente—. Ensáyense en verano: empiecen en invierno. Pasa, callada, por entre la gente vanidosa. Tu alma es tu seda. Envuelve a tu madre, y mímala, porque es grande honor haber venido de esa mujer al mundo. Que cuando mires dentro de ti, y de lo que haces, te encuentres como la tierra por la mañana, bañada de luz. Siéntete limpia y ligera, como la luz.

A otras el mundo frívolo: tú vales más. Sonríe, y pasa. Y si no me vuelves a ver, haz como el chiquitín cuando el entierro de Frank Sorzano: pon un libro —el libro que te pido— sobre la sepultura. O sobre tu pecho, porque ahí estaré enterrado yo si muero donde no lo sepan los hombres. Trabaja. Un beso. Y espérame.

Tu.   *Martí.*

Cabo Haitiano, 9 de abril de 1895.

A GONZALO DE QUESADA Y BENJAMÍN GUERRA

Jurisdicción de Baracoa, 16 de abril de 1895.

Gonzalo, Benjamín, hermanos queridos: en Cuba libre les escribo, al romper el sol del 15 de abril, en una vega de los montes de Baracoa. Al fondo del rancho de yaguas, en una tabla de palma, sobre cuatro horquetas, me he venido a escribir. Oigo hablar al general, a Paquito Borrero, a los cincuenta valientes de la guerrilla de Félix Ruenes que salió a nuestra custodia. Refrenaré mis emociones. Hasta hoy no me he sentido hombre. He vivido avergonzado y arrastrando la cadena de mi patria, toda mi vida. La divina claridad del alma aligera mi cuerpo; este reposo y bienestar explican la constancia y el júbilo con que los hombres se ofrecen al sacrificio.

Ustedes anhelarán conocer los detalles de nuestra llegada, que hoy ya es tiempo de dar, como fue de callarlos mientras la tentativa estaba aún en riesgo, y se la había de mudar a cada instante. El plan pendiente fracasó después de larga espera, por la negativa de los marinos. Compramos otra goleta. El primero de abril, por fin, salimos a las tres de la mañana, asaltando en los botes abandonados de la playa a la goleta que nos esperaba afuera, y a la madrugada siguiente anclábamos en una isla vecina, adonde iba el capitán para renovar sus papeles, y de allí caer por ruta muy distinta de la que ahora hemos traído. A las pocas horas era claro que el capitán había propalado el objeto del viaje, para que las autoridades lo redimiesen de su obligación, impidiéndonos seguir el viaje. Por la mañana nos visitó la aduana someramente: sentíamos crecer la trama: a la tarde, con minutos de aviso, volvió la aduana a un registro minucioso. La recibí y gané su caballerosidad: nuestras armas podían seguir como efectos personales. Pero los marinos se habían ido; sólo un fiel quedaba, el buen David, de las Islas Turcas. No se hallaban marinos para continuar viaje. El capitán fingía contratarlos, y movía a otros a que los disuadiesen. En tanto ya nuestra retirada estaba descubierta: podía explicarse nuestra ausencia; podía España, avisada, asediarnos en la isla infeliz y sin salida.

Al favor de un recio temporal nos repartimos en grupos los seis compañeros: el general Gómez, Paquito Borrero, Ángel Guerra, César Salas, joven puro y valioso de las Villas; Marcos del Rosario, bravo dominicano negro, y yo. El diez, continuando el plan forjado, nos reembarcamos, y el once, a las ocho de la noche, negro el cielo de chubasco, vira el buque, echan la escala, bajamos con gran carga de parque y un saco con queso y galletas, y a las dos horas de remar saltamos en Cuba. Se perdió el timón y en la costa había luces. Llevé el remo de proa. La dicha era el único sentimiento que nos poseía y embargaba. Nos echamos las cargas arriba, y cubiertos de ellas, empapados, en sigilo, subimos los espinares y pasamos las ciénagas. ¿Caíamos entre amigos o entre enemigos? Tendidos por tierra esperábamos a que la madrugada entrase más, y llamamos a un bohío: decir ahora más fuera todavía imprudente; pero antier, cuando asábamos en una parrilla improvisada la primera jutía, y ya estaba el rancho de yaguas en pie, veo saltar por la vereda de la guardia:: «¡Hermanos!» «¡Ah, hermanos!», oigo decir, y nos vimos en brazos de la guerrilla baracoana de Félix Ruenes. Los ojos echaban luz, y el corazón se les salía. Ahora, dentro de pocos instantes, emprendemos la marcha al gran trabajo.

Maceo y Flor van delante, desde el primero de abril en que desembarcaron: a las dos horas del desembarco pelearon, y se salieron de los 75 que perseguían a los 23, haciéndoles un muerto y doce heridos. Adelante van ellos, y nosotros seguimos a pie, y llegaremos a tiempo de concertar las voluntades, para los golpes primeros, y dar a la guerra forma y significación...

Y del espíritu con que por fin entramos en esta labor, les dará muestra el incidente con que para mí se cerró el día de ayer. *General* me llamaba nuestra gente desde que llegué, y muy avergonzado con el inmerecido título, y muy querido y conocido me hallé por cierto entre estos inteligentes baracoanos; al caer la tarde vi bajar hacia la cañada al general Gómez, seguido de los jefes, y me hicieron señas de que me quedase lejos. Me quedé mohíno, creyendo que iban a concertar algún peligro en que me dejarían atrás. A poco sube llamándome Ángel Guerra, con el rostro feliz. Era que Gómez, como general en jefe, había acordado en consejo de jefes, a la vez que reconocerme en la guerra como delegado del Partido Revolucionario Cubano, nombrarme, en atención a mis servi-

cios y a la opinión unánime que lo rodeaba, mayor general del Ejército Libertador. ¡De un abrazo igualaban mi pobre vida a la de sus diez años! Me apretaron largamente en
sus brazos.

Admiren conmigo la gran nobleza. Lleno de ternura veo
la abnegación serena de todos a mi alrededor. ¿Cuándo olvi-
daré el rostro de Gómez, sudoroso y valiente, y enternecido,
cuando subía las lomas resbaladizas, las pendientes de breñas,
y los ríos a la cintura, con el rifle y el revólver y machete y
las doscientas cápsulas y el jolongo al hombro? Y cuando a sus
espaldas doy su jolongo al práctico, él me quita mi rifle y
sigue cuesta arriba con el mío y el suyo. Nos vamos halando
hasta lo alto de los repechos. Nos caemos riendo. A la hora
de alarma, ¡y las ha habido buenas!, los seis rifles están juntos.
Hemos dormido en cuevas, y al monte claro; el rancho de la
guerrilla, con su ama servicial y la comida caliente, ha sido un
lujo. A porfía ahora se nos muestra cariño. Uno trae su bo-
niato amarillo, o su cabo de salchichón, o su plátano asado;
otro me brinda su agua hervida con hojas de naranja y miel
de abeja. Otro me regala, porque oyó decir que la tomé con
mucho gusto en el camino, una naranja agria...

El general les habló en fila, y yo, y se les quedó el alma contenta. Entre estos cincuenta armados de buenas armas, hay un
asturiano y un vizcaíno; Félix Ruenes, el jefe, es hombre de
consejo y moderación, que paga en las tiendas cuanto compra,
y acomoda a su gente, que recorre entusiasta la jurisdicción
ganando amigos, y fatigando a las desamparadas partidas de
quintos, que hallan de mal grado sus fusiles Mauser. La guerrilla de Ruenes es nueva, y ya cubre como veterana sus ser-
vicios: cargan sin murmurar, comen lo que hallan, duermen
por tierra, entre los plátanos; cuando supieron que estábamos
aquí, seis habían caído, del primer cansancio, y se pusieron
en pie empeñados en ir. Hoy nosotros tomamos al Oeste, a
las obligaciones; ellos vuelven a su jornada diaria, a levantar
el campo...

Y a otra cosa hay que atender. A la campaña primera española, la campaña política para reducir la guerra —a que
hemos de oponer la habilidad enérgica adentro, y ustedes
afuera la resolución ferviente y ostentosa de ayudar—, suce-
derá, con la ira del fracaso y el ímpetu de la desesperación,
una campaña de fuerza ruda y corta a la que ustedes allá han
de estar preparados. ¡Empuje contra empuje!...

Pediré la limosna al buen día de trabajo. Basta; ordénenlo
todo bien. Mil armas más y parque para un año, y hemos
vencido...

No dejen de la mano los trabajos encaminados a enseñar,
con su carácter firme, ordenado y decidido a avanzar, a la
revolución; corten a sus enemigos la esperanza de hacerla

atrás: vean y aplaudan la nobleza con que se juntan, sin más idea que el bien patrio inmediato y entero, las fuerzas diversas, viejas y nuevas, de la revolución; graben en su corazón la hermandad y ternura con que estas manos gloriosas reciben y cuidan al soldado recién venido; quiéranme mucho al viejo general; y llenos de orgullo justo y fe merecidos en la bravura y decisión de su pueblo, adivinen la felicidad que inunda, sin más tristeza que la de ver lejos a las almas queridas, a su

José Martí.

A TOMÁS ESTRADA PALMA

Jurisdicción de Baracoa, 16 de abril de 1895.

En estos campos suyos, únicos en que al fin me he sentido entero y feliz, por todas partes veo al hombre invicto que lleva íntegra en el carácter toda la honra de su país. Vamos a marchar, a encararnos con las dificultades, a resistir la primera campaña de estancamiento e intrigas. Como a padre lo ven a usted Benjamín y Gonzalo, y como de padre le oirán el consejo, para ayudarnos a resistir de allá esta campaña. Aquí con nuestros actos, tan hábiles y completos, como hoy lo requiere el país, les daremos apoyo para sus declaraciones y esfuerzos. Ya entró en mí la luz, Estrada, y la salud que fuera de este honor buscaba en vano. Pero no me abandono al júbilo mezquino sino que trabajo rudamente en él, sin tiempo, en días enteros para alzar la cabeza a las palmas. Me alegro sólo de mi dicha, porque nos da fuerza pública. Del general bueno y querido, ya ve los tiernos cuidados. No me cuida él a mí más que yo a él. Me pesaba por las lomas su carga, como a él la mía. Brioso y jovial, repechaba con la carga de tres soldados estas alturas. Más joven va que el más joven. Ve el grave caso político y lo encaramos felizmente. Se le ve la frente llena ya del pensamiento de recoger y arremeter. Es gran gozo, vivir entre hombres en la hora de su grandeza. Me levantan a seguir. Aquí, con el sol de Cuba, saluda su casa, su

Martí.

A MANUEL MERCADO

Campamento de Dos Ríos, 18 de mayo de 1895.

Mi hermano queridísimo: Ya puedo escribir; ya puedo decirle con qué ternura y agradecimiento y respeto le quiero, y a esa casa que es mía y mi orgullo y obligación; ya estoy todos los días en peligro de dar mi vida por mi país y por mi deber —puesto que lo entiendo y tengo ánimos con que realizarlo— de impedir a tiempo, con la independencia de Cuba, que se extiendan por las Antillas los Estados Unidos y caigan, con esa fuerza más, sobre nuestras tierras de América. Cuanto hice hasta hoy y haré es para eso. En silencio ha tenido que ser y como indirectamente, porque hay cosas que para lograrlas han de andar ocultas, y de proclamarse en lo que son, levantarían dificultades demasiado recias para alcanzar sobre ellas el fin.

Las mismas obligaciones menores y públicas de los pueblos —como ése de usted y mío— más virtualmente interesados en impedir que en Cuba se abra, por la anexión de los imperialistas de allá y los españoles, el camino que se ha de cegar, y con *nuestra sangre estamos cegando*, de la anexión de los pueblos de nuestra América al Norte, revuelto y brutal, que los desprecia, les habrían impedido la adhesión ostensible y ayuda patente a este sacrificio que se hace en bien inmediato y de ellos.

Viví en el monstruo y le conozco las entrañas; y mi honda es la de David. Ahora mismo, pocos días hace, al pie de la victoria con que los cubanos saludaron nuestra salida libre de las sierras en que anduvimos los seis hombres de la expedición catorce días, el corresponsal del *Herald*, que me sacó de la hamaca en un rancho, me habla de la actividad anexionista, menos temible por la poca realidad de los aspirantes, de la especie curial, sin cintura ni creación, que por disfraz cómodo de su complacencia o sumisión a España, le piden sin fe la autonomía de Cuba, contenta sólo de que haya un amo, yanqui o español, que les mantenga o les cree, en premio de su oficio de celestinos, la posición de prohombres desdeñosos de la masa pujante, la masa mestiza, hábil y conmovedora, del país, la masa inteligente y creadora de blancos y de negros.

Y de más me habla el corresponsal del *Herald*, Eugenio Bryson: de un sindicato yanqui —que no será— y con garantía de las Aduanas, harto empeñadas con los rapaces Bancos españoles, para que quede asidero a los del Norte; incapacitado oportunamente por su entrabada y compleja constitución política, para emprender o apoyar la idea como obra de Gobierno. Y de más me habló Bryson, aunque la certeza de la conversación que me refería sólo la puede comprender quien conozca de cerca el brío con que hemos levantado la Revolución, el desorden, desgano y mala paga del ejército novicio español, y la incapacidad de España para allegar en Cuba o afuera los recursos contra la guerra, que en la vez anterior sólo sacó de Cuba. Bryson me contó su conversación con Martínez Campos, al fin de la cual le dio a entender éste que, sin duda, llegada la hora, España preferiría entenderse con los Estados Unidos a rendir la Isla a los cubanos. Aún me habló Bryson más: de un conocido maestro y de lo que en el Norte se le cuida, como candidato de los Estados Unidos para cuando el actual presidente desaparezca, a la presidencia de México. Por acá yo hago mi deber. La guerra de Cuba, realidad superior a los vagos y dispersos deseos de los cubanos y españoles anexionistas, a que sólo daría relativo poder su alianza con el Gobierno de España, ha venido a su hora en América, para evitar, aun contra el empleo franco de todas esas fuerzas, la anexión de Cuba a los Estados Unidos: que jamás la aceptarán de un país en guerra, ni pueden contraer, puesto que la guerra no aceptara la anexión, el compromiso odioso y absurdo de abatir por su cuenta y con sus armas una guerra de independencia americana.

Y México, ¿no hallará modo sagaz, efectivo e inmediato, de auxiliar a tiempo a quien lo defiende? Sí lo hallará, y yo se lo hallaré. Esto es muerte o vida, y no cabe errar. El modo discreto es lo único que se ha de ver. Ya yo lo había hallado y propuesto. Pero he de tener más autoridad en mí, o de saber quién la tiene, antes de obrar o aconsejar. Acabo de llegar. Puede aún tardar dos meses, si ha de ser real y estable la constitución de nuestro Gobierno, útil y sencillo. Nuestra alma es una, y la sé, y la voluntad del país; pero estas cosas son siempre obra de relación, momento y acomodos. Con la representación que tengo, no quiero hacer nada que parezca extensión caprichosa de ella.

Llegué, con el general Máximo Gómez y cuatro más, en un bote, en que llevé el remo de proa bajo el temporal, a una pedrera desconocida de nuestras playas; cargué catorce días, a pie, por espinas y alturas, un morral y mi rifle; alzamos gente a nuestro paso; siempre con la benevolencia de las almas la raíz de este cariño mío a la pena del hombre y a la justicia de remediarla; los campos son nuestros sin disputa, a tal punto que en un mes sólo he podido oír un fuego; y a las puertas de las ciudades, o ganamos una victoria, o pasamos una revista, ante entusiasmo parecido al fuego religioso, a tres mil almas; seguimos camino al centro de la Isla, a deponer yo ante la Revolución que he hecho alzar, la autoridad que la emigración me dio, y se acató adentro; y debo convocar conforme a su estado nuevo, una Asamblea de delegados del pueblo cubano visible, de los revolucionarios en armas. La Revolución desea plena libertad en el espíritu, sin las trabas que antes le opuso una Cámara sin sanción real, o la suspicacia de una juventud celosa de su republicanismo, o los celos y temores de excesiva prominencia futura, de un caudillo puntilloso o previsor; pero quiere la Revolución a la vez sucinta y respetable representación republicana; la misma alma de humanidad y decoro llena del anhelo de la dignidad individual, en la representación de la República que la que empuja y mantiene en la guerra a los revolucionarios. Por mí, entiendo que no se puede guiar a un pueblo contra el alma que lo mueve, o sin ella, y sí cómo se encienden los corazones, y cómo se aprovecha para el revuelo interesante y la acometida el estado fogoso y satisfactorio de los corazones. Pero en cuanto a formas, caben muchas ideas; y las cosas de hombres, hombres son quienes las hacen.

Me conoce; en mí, sólo defender lo que tengo yo por garantía o servicio de la Revolución. Sé desaparecer. Pero no desaparecerá mi pensamiento, ni me agriaría mi oscuridad. Y en cuanto tengamos forma, obraremos, cúmplame esto a mí o a otros.

Y ahora, puesto delante lo de interés público, le hablaré de mí, ya que sólo la emisión de este deber pudo alzar de la muerte apetecida al hombre que, ahora que Nájera no vive donde se le vea, mejor lo conoce, y acaricia como un tesoro en su corazón la amistad con que usted lo enorgullece.

Ya sé sus regaños, callados, después de mi viaje. ¡Y tanto que le dimos, de toda nuestra alma, y callado él! ¡Qué engaño es éste y qué alma tan encallecida la suya, que el tributo y la honra de nuestro afecto no ha podido hacerle escribir una carta más sobre el papel de carta y de periódico que llena el día!

Hay afectos de tan delicada honestidad... (1).

_____

(1) No se ha podido averiguar, ni el general en jefe lo sabía tampoco, por qué Martí, que comenzó a escribir esta carta el 18 de mayo, no la terminó ese mismo día. Suponía el general que la llegada del general Masó al campamento hiciera que Martí suspendiera la escritura, para continuarla más adelante.

PRIMERA BRIGADA-113 (1)

Mírame, madre, y por tu amor no llores:
si esclavo de mi edad y mis doctrinas
tu mártir corazón llené de espinas,
piensa que nacen entre espinas flores.

Presidio, 28 de agosto de 1870.

CARMEN (2)

El infeliz que la manera ignore
de alzarse bien y caminar con brío,
de una virgen celeste se enamore
y arda en su pecho el esplendor del mío.

Beso, trabajo, entre sus brazos sueño
su hogar alzado por mi mano; envidio
su fuerza a Dios y, vivo en él, desdeño
el torpe amor de Tíbulo y de Ovidio.

Es tan bella mi Carmen, es tan bella,
que si el cielo la atmósfera vacía
dejase de su luz, dice una estrella
que en el alma de Carmen la hallaría.

Y se acerca lo humano a lo divino
con semejanza tal cuando me besa,
que en brazos de un espacio me reclino
que en los confines de otro mundo cesa.

---

(1) Dedicatoria en un retrato en traje de presidiario y que en-
viara a su madre.
(2) Carmen Zayas Bazán.

Tiene este amor las lánguidas blancuras
de un lirio de San Juan, y una insensata
potencia de creación que en las alturas
mi fuerza mide y mi poder dilata.

Robusto amor, en sus entrañas lleva
el germen de la fuerza y el del fuego,
y griego en la beldad, odia y reprueba
la veste indigna del amor del griego.

Señora el alma de la ley terrena,
despierta, rima en noche solitaria
estos versos de amor; versos de pena
rimó otra vez; se irguió la pasionaria

de amor al fin: aunque la noche llegue
a cerrar en sus pétalos la vida,
no hay miedo ya de que en la sombra pliegue
su tallo audaz la pasionaria erguida.

[*Eco de Ambos Mundos*, México. Núm. 23, de 1876.]

MARÍA

A la señorita María García Granados

Ésa que ves, la del amor dormido
en la mirada espléndida y süave,
es un jazmín de Arabia comprimido
en voz de cielo y en contorno de ave.

La rubia Adela, en cuya trenza dora
su rayo el Sol, del brazo de María,
copia es feliz de Ruth la espigadora
ciñendo el talle a la arrogante Lía.

Caricia —más que acento— su palabra,
si los jardines de su boca mueve,
temores da de que sus alas abra
y al Padre Cielo su alma blanca lleve.

Si en la fiesta teatral, corrido el velo,
desciende la revuelta escalinata,
su pie semeja cisne pequeñuelo
que el seno muestra de luciente plata.

Siervo si sigue el tenue paso blando
de la bíblica virgen hechicera,
y leyes dicta si, la frente alzando,
echa hacia atrás la negra cabellera.

Quisiera el bardo, cuando al Sol la mece,
colgarle al cuello esclavos los amores.
¡Si se yergue de súbito, parece
que la tierra se va a cubrir de flores!

¡Oh! Cada vez que a la mujer hermosa
con fraternal amor habla el proscripto,
duerme soñando en la palmera airosa,
novia del Sol en el ardiente Egipto.

Guatemala, 1877.

HIERRO

Ganado tengo el pan: hágase el verso,
y en su comercio dulce se ejercite
la mano, que cual prófugo perdido
entre oscuras malezas, a quien lleva
a rastra enorme peso, andaba ha poco
sumas hilando y revolviendo cifras.
Bardo, ¿consejo quieres? Pues descuelga
de la pálida espalda ensangrentada
el arpa dívea, acalla los sollozos
que a tu garganta como mar en furia
se agolparán, y en la madera rica
taja plumillas de escritorio y echa
las cuerdas rotas al movible viento.

¡Oh, alma! ¡Oh, alma buena!, ¡mal oficio
tienes!: póstrate, calla, cede, lame
manos de potentado, ensalza, excusa
defectos, tenlos —que es mejor manera
de excusarlos— y, mansa y temerosa,
vicios celebra, encumbra vanidades.
¡Verás entonces, alma, cuál se trueca
en plato de oro rico tu desnudo
plato de pobre!
                    Pero guarda, ¡oh, alma!,
¡que usan los hombres hoy oro empañado!
Ni de eso cures, que fabrican de oro
sus joyas el bribón y el barbilindo.
¡Las armas no, las armas son de hierro!

Mi mal es rudo; la ciudad lo encona;
lo alivia el campo inmenso. ¡Otro más vasto
lo aliviará mejor! Y las oscuras
tardes me atraen, cual si mi patria fuera
la dilatada sombra.

                            ¡Oh, verso amigo,
muero de soledad, de amor me muero!
No de amor de mujer; estos amores
envenenan y ofuscan. No es hermosa
la fruta en la mujer, sino la estrella.
La tierra ha de ser luz, y todo vivo
debe en torno de sí dar lumbre de astro.
¡Oh, estas damas de muestra! ¡Oh, estas copas
de carne! ¡Oh, estas siervas ante el dueño
que las enjoya y estremece echadas!
¡Te digo, oh verso, que los dientes duelen
de comer de esta carne!

                            Es de inefable
amor del que yo muero, del dulce
menester de llevar, como se lleva
un niño tierno en las cuidosas manos,
cuanto de bello y triste ven mis ojos.
Del sueño, que las fuerzas no repara
sino de los dichosos, y a los tristes
el duro humor y la fatiga aumenta.
Salto al sol, como un ebrio. Con las manos
mi frente oprimo, y de los turbios ojos
brota raudal de lágrimas. ¡Y miro
el sol tan bello y mi desierta alcoba
y mi virtud inútil, y las fuerzas
que cual tropel famélico de hirsutas
fieras saltan de mí buscando empleo;
y el aire hueco palpo, y en el muro
frío y desnudo el cuerpo vacilante
apoyo, y en el cráneo estremecido
en agonía flota el pensamiento,
cual leño de bajel despedazado
que el mar en furia a playa ardiente arroja!

¡Sólo las flores del paterno prado
tienen olor! ¡Sólo las ceibas patrias
del sol amparan! Como en vaga nube
por suelo extraño se anda; las miradas
injurias nos parecen, y el Sol mismo,
¡más que en grato calor, enciende en ira!
¡No de voces queridas puebla el eco

los aires de otras tierras: y no vuelan
del arbolar espeso entre las ramas
los pálidos espíritus amados!
De carne viva y profanadas frutas
viven los hombres, ¡ay!, mas el proscripto
¡de sus entrañas propias se alimenta!
¡Tiranos: desterrad a los que alcanzan
el honor de vuestro odio: ya son muertos!
Valiera más, ¡oh, bárbaros!, que al punto
de arrebatarlos al hogar, ¡hundiera
en lo más hondo de su pecho honrado
vuestro esbirro más cruel su hoja más dura!
Grato es morir; horrible vivir muerto.
¡Mas no!, ¡mas no! La dicha es una prenda
de compasión de la fortuna al triste
que no sabe domarla. A sus mejores
hijos desgracia da Naturaleza:
¡Fecunda el hierro al llano, el golpe al hierro!

Nueva York, 4 de agosto.
[De *Versos libres*.]

CRIN HIRSUTA

  ¿Que como crin hirsuta de espantado
caballo que en los troncos secos mira
garras y dientes de tremendo lobo,
mi destrozado verso se levanta?...
Sí, pero ¡se levanta! A la manera
como cuando el puñal se hunde en el cuello
de la res, sube al cielo hilo de sangre.
Sólo el amor engendra melodías.

[De *Versos libres*.]

PRÍNCIPE ENANO

Para un príncipe enano
se hace esta fiesta.
Tiene guedejas rubias,
blandas guedejas;
por sobre el hombro blanco
luengas le cuelgan.
Sus dos ojos parecen
estrellas negras;
¡vuelan, brillan, palpitan,
relampaguean!
Él para mí es corona,
almohada, espuela.
Mi mano, que así embrida
potros y hienas,
va, mansa y obediente,
donde él la lleva.
Si el ceño frunce, temo;
si se me queja,
cual de mujer, mi rostro
nieve se trueca:
su sangre, pues, anima
mis flacas venas:
¡Con su gozo mi sangre
se hincha, o se seca!
Para un príncipe enano
se hace esta fiesta.

¡Venga mi caballero
por esta senda!
¡Éntrese mi tirano
por esta cueva!
Tal es, cuando a mis ojos
su imagen llega,
cual si en lóbrego antro
pálida estrella
con fulgores de ópalo
todo vistiera.
A su paso la sombra
matices muestra,
como al sol que las hiere
las nubes negras.
¡Heme ya, puesto en armas,
en la pelea!
Quiere el príncipe enano
que a luchar vuelva:

¡Él para mí es corona,
almohada, espuela!
Y como el sol, quebrando
las nubes negras,
en banda de colores
la sombra trueca,
él al tocarla, borda
en la onda espesa
mi banda de batalla
roja y violeta.
¿Conque mi dueño quiere
que a vivir vuelva?
¡Venga mi caballero
por esta senda!
¡Éntrese mi tirano
por esta cueva!
¡Déjeme que la vida
a él, a él ofrezca!
Para un príncipe enano
se hace esta fiesta.

[De *Ismaelillo*, 1882.]

MI CABALLERO

Por !as mañanas,
mi pequeñuelo
me despertaba
con un gran beso,
Puesto a horcajadas
sobre mi pecho,
bridas forjaba
con mis cabellos.
Ebrio él de gozo,
de gozo yo ebrio,
me espoleaba
mi caballero:
¡Qué suave espuela
sus dos pies frescos!
¡Cómo reía
mi jinetuelo!
¡Y yo besaba
sus pies pequeños,
dos pies que caben
en sólo un beso!

[De *Ismaelillo*, 1882.]

LOS ZAPATICOS DE ROSA

A mademoiselle Mary.

JOSÉ MARTÍ.

Hay sol bueno y mar de espuma,
y arena fina, y Pilar
quiere salir a estrenar
su sombrerito de pluma.

«¡Vaya la niña divina!
—dice el padre, y le da un beso—.
Vaya mi pájaro preso
a buscarme arena fina.»

«Yo voy con mi niña hermosa
—le dijo la madre buena—.
¡No te manches en la arena
los zapaticos de rosa!»

Fueron las dos al jardín
por la calle del laurel:
la madre cogió un clavel
y Pilar cogió un jazmín.

Ella va de todo juego,
con aro y balde y paleta;
el balde es color violeta;
el aro es color de fuego.

Vienen a verlas pasar,
nadie quiere verlas ir:
la madre se echa a reír,
y un viejo se echa a llorar.

El aire fresco despeina
a Pilar, que viene y va
muy oronda: «¡Di, mamá!
¿Tú sabes qué cosa es reina?»

Y por si vuelven de noche
de la orilla de la mar,
para la madre y Pilar
manda luego el padre el coche.

Está la playa muy linda;
todo el mundo está en la playa;
lleva espejuelos el aya
de la francesa Florinda.

Está Alberto, el militar
que salió en la procesión
con tricornio y con bastón,
echando un bote a la mar.

¡Y qué mala, Magdalena,
con tantas cintas y lazos,
a la muñeca sin brazos
enterrándola en la arena!

Conversan allá en las sillas,
sentadas con los señores,
las señoras, como flores,
debajo de las sombrillas.

Pero está con estos modos
tan serios, muy triste el mar;
lo alegre es allá, al doblar;
en la barranca de todos.

Dicen que suenan las olas
mejor allá en la barranca,
y que la arena es muy blanca
donde están las niñas solas.

Pilar corre a su mamá:
«¡Mamá, yo voy a ser buena;
déjame ir sola a la arena;
allá, tú me ves, allá!»

«¡Esta niña caprichosa!
No hay tarde que no me enojes:
anda, pero no te mojes
los zapaticos de rosa.»

Le llega a los pies la espuma,
gritan alegres las dos;
y se va, diciendo adiós,
la del sombrero de pluma.

¡Se va allá, donde ¡muy lejos!
las aguas son más salobres,
donde se sientan los pobres,
donde se sientan los viejos!

Se fue la niña a jugar,
la espuma blanca bajó,
y pasó el tiempo, y pasó
un águila por el mar.

Y cuando el Sol se ponía
detrás de un monte dorado,
un sombrerito callado
por las arenas venía.

Trabaja mucho, trabaja,
para andar: ¿qué es lo que tiene
Pilar que anda así, que viene
con la cabecita baja?

Bien sabe la madre hermosa
por qué le cuesta el andar:
«¿Y los zapatos, Pilar,
los zapaticos de rosa?»

«¡Ah, loca!, ¿en dónde estarán?
¡Di dónde, Pilar!» «Señora
—dice una mujer que llora—:
¡Están conmigo, aquí están!»

«Yo tengo una niña enferma
que llora en el cuarto oscuro
y la traigo al aire puro,
a ver el sol, y a que duerma.»

«Anoche soñó, soñó
con el cielo, y oyó un canto:
me dio miedo, me dio espanto,
y la traje, y se durmió.»

«Con sus dos brazos menudos
estaba como abrazado;
y yo mirando, mirando
sus piececitos desnudos.»

«Me llegó al cuerpo la espuma,
alcé los ojos, y vi
esta niña frente a mí
con su sombrero de plumas.»

«¡Se parece a los retratos
tu niña! —dijo—: ¿Es de cera?
¿Quiere jugar? ¡Si quisiera!...
¿Y por qué está sin zapatos?»

«Mira, ¡la mano le abrasa,
y tiene los pies tan fríos!
¡Oh, toma, toma los míos,
yo tengo más en mi casa!»

«No sé bien, señora hermosa,
lo que sucedió después;
le vi a mi hijita en los pies
los zapaticos de rosa!»

Se vio sacar los pañuelos
a una rusa y a una inglesa;
el aya de la francesa
se quitó los espejuelos.

Abrió la madre los brazos,
se echó Pilar en su pecho,
y sacó el traje deshecho,
sin adornos y sin lazos.

Todo lo quiere saber
de la enferma la señora:
¡No quiere saber que llora
de pobreza una mujer!

«¡Sí, Pilar, dáselo!, ¡y eso
también!, ¡tu manta!, ¡tu anillo!»
Y ella le dio su bolsillo,
le dio el clavel, le dio un beso.

Vuelven calladas de noche
a su casa del jardín;
y Pilar va en el cojín
de la derecha del coche.

Y dice una mariposa
que vio desde su rosal
guardados en un cristal
los zapaticos de rosa.

[De *La Edad de Oro*, 1889.]

LA PERLA DE LA MORA

Una mora de Trípoli tenía
una perla rosada, una gran perla,
y la echó con desdén al mar un día:
«¡Siempre la misma!, ¡ya me cansa verla!»
Pocos años después, junto a la roca
de Trípoli... ¡la gente llora al verla!
Así le dice al mar la mora loca:
«¡Oh mar!, ¡oh mar!, ¡devuélveme mi perla!»

[De *La Edad de Oro*, 1889.]

DE «VERSOS SENCILLOS» (1891)

I

Yo soy un hombre sincero
de donde crece la palma,
y antes de morirme quiero
echar mis versos del alma.

Yo vengo de todas partes,
y hacia todas partes voy:
arte soy entre las artes;
en los montes, monte soy.

Yo sé los nombres extraños
de las yerbas y las flores,
y de mortales engaños,
y de sublimes dolores.

Yo he visto en la noche oscura
llover sobre mi cabeza
los rayos de lumbre pura
de la divina belleza.

Alas nacer vi en los hombros
de las mujeres hermosas:
y salir de los escombros,
volando, las mariposas.

He visto vivir a un hombre
con el puñal al costado,
sin decir jamás el nombre
de aquélla que lo ha matado.

Rápida, como un reflejo,
dos veces vi el alma, dos:
cuando murió el pobre viejo,
cuando ella me dijo adiós.

Temblé una vez —en la reja,
a la entrada de la viña—
cuando la bárbara abeja
picó en la frente a mi niña.

Gocé una vez, de tal suerte
que gocé cual nunca: —cuando
la sentencia de mi muerte
leyó el alcaide llorando.

Oigo un suspiro, a través
de las tierras y la mar,
y no es un suspiro —es
que mi hijo va a despertar.

Si dicen que del joyero
tome la joya mejor,
tomo a un amigo sincero
y pongo a un lado el amor.

Yo he visto al águila herida
volar al azul sereno,
y morir en su guarida
la víbora del veneno.

Yo sé bien que cuando el mundo
cede, lívido, al descanso,
sobre el silencio profundo
murmura el arroyo manso.

Yo he puesto la mano osada,
de horror y júbilo yerta,
sobre la estrella apagada
que cayó frente a mi puerta.

Oculto en mi pecho bravo
la pena que me lo hiere:
el hijo de un pueblo esclavo
vive por él, calla y muere.

Todo es hermoso y constante,
todo es música y razón,
y todo, como el diamante,
antes que luz es carbón.

Yo sé que al necio se entierra
con gran lujo y con gran llanto
y que no hay fruta en la Tierra
como la del camposanto.

Callo, y entiendo, y me quito
la pompa del rimador:
cuelgo de un árbol marchito
mi muceta de doctor.

V

Si ves un monte de espumas,
es mi verso lo que ves:
mi verso es un monte y es
un abanico de plumas.

Mi verso es como un puñal
que por el puño echa flor:
mi verso es un surtidor
que da un agua de coral.

Mi verso es de un verde claro
y de un carmín encendido:
mi verso es un ciervo herido
que busca en el monte amparo.

Mi verso al valiente agrada:
mi verso breve y sincero
es del vigor del acero
con que se funde la espada.

VI

Si quieren que de este mundo
lleve una memoria grata,
llevaré, padre profundo,
tu cabellera de plata.

Si quieren por gran favor
que lleve más, llevaré
la copia que hizo el pintor
de la hermana que adoré.

Si quieren que a la otra vida
me llevo todo un tesoro;
¡llevo la trenza escondida
que guardo en mi caja de oro!

VII

Para Aragón, en España,
tengo yo en mi corazón
un lugar todo Aragón
franco, fiero, fiel, sin saña.

Si quiere un tonto saber
por qué lo tengo, le digo
que allí tuve un buen amigo,
que allí quise a una mujer.

Allá, en la vega florida,
la de la heroica defensa,
por mantener lo que piensa
juega la gente la vida.

Y si un alcalde lo aprieta
o lo enoja un rey cazurro,
calza la manta el baturro
y muere con su escopeta.

Quiero a la tierra amarilla
que baña el Ebro lodoso:
quiero el Pilar azuloso
de Lanuza y de Padilla.

Estimo a quien de un revés
echa por tierra a un tirano;
lo estimo, si es un cubano;
lo estimo, si aragonés.

Amo los patios sombríos
con escaleras bordadas;
amo las naves calladas
y los conventos vacíos.

Amo la tierra florida,
musulmana o española,
donde rompió su corola
la poca flor de mi vida.

IX

[LA NIÑA DE GUATEMALA]

Quiero, a la sombra de un ala,
contar este cuento en flor:
la niña de Guatemala,
la que se murió de amor.

Eran de lirios los ramos,
y las orlas de reseda
y de jazmín; la enterramos
en una caja de seda.

Ella dio al desmemoriado
una almohadilla de olor;
él volvió, volvió casado;
ella se murió de amor.

Iban cargándola en andas
obispos y embajadores;
detrás iba el pueblo en tandas,
todo cargado de flores.

Ella, por volverlo a ver,
salió a verlo al mirador:
él volvió con su mujer,
ella se murió de amor.

Como de bronce candente
al beso de despedida,
era su frente: ¡la frente
que más he amado en mi vida!

Se entró de tarde en el río;
la sacó muerta el doctor:
dicen que murió de frío:
yo sé que murió de amor.

Allí, en la bóveda helada,
la pusieron en dos bancos;
besé su mano afilada,
besé sus zapatos blancos.

Callado, al oscurecer,
me llamó el enterrador:
¡nunca más he vuelto a ver
a la que murió de amor!

X

El alma trémula y sola
padece al anochecer;
hay baile; vamos a ver
la bailarina española.

Han hecho bien en quitar
el banderón de la acera;
porque si está la bandera,
no sé, yo no puedo entrar.

Ya llega la bailarina:
soberbia y pálida llega:
¿Cómo dicen que es gallega?
Pues dicen mal: es divina.

Lleva un sombrero torero
y una capa carmesí:
¡Lo mismo que un alhelí
que se pusiese un sombrero!

Se ve, de paso, la ceja,
ceja de mora traidora:
y la mirada, de mora:
y como nieve la oreja.

Preludian, bajan la luz,
y sale en bata y mantón,
la virgen de la Asunción
bailando un baile andaluz.

Alza, retando, la frente;
crúzase al hombro la manta:
en arco el brazo levanta:
mueve despacio el pie ardiente.

Repica con los tacones
el tablado zalamera,
como si la tabla fuera
tablado de corazones.

Y va el convite creciendo
en las llamas de los ojos,
y el manto de flecos rojos
se va en el aire meciendo.

Súbito, de un salto arranca:
húrtase, se quiebra, gira:
abre en dos la cachemira,
ofrece la bata blanca.

El cuerpo cede y ondea;
la boca abierta provoca;
es una rosa la boca:
lentamente taconea.

Recoge, de un débil giro,
el manto de flecos rojos:
se va, cerrando los ojos,
se va como en un suspiro...

Baile muy bien la española,
es blanco y rojo el mantón:
¡Vuelve, fosca, a su rincón
el alma trémula y sola!

XVII

Es rubia: el cabello suelto
da más luz al ojo moro:
voy, desde entonces, envuelto
en un torbellino de oro.

La abeja estival que zumba
más ágil por la flor nueva,
no dice como antes, «tumba»;
«Eva» dice: todo es «Eva».

Bajo, en lo oscuro, al temido
raudal de la catarata:
¡y brilla el iris, tendido
sobre las hojas de plata.

Miro, ceñudo, la agreste
pompa del monte irritado:
¡y en el alma azul celeste
brota un jacinto rosado!

Voy por el bosque, a paseo
a la laguna vecina;
y entre las ramas la veo,
y por el agua camina.

La serpiente del jardín
silba, escupe y se resbala
por su agujero: el clarín
me tiende, trinando, el ala.

¡Arpa soy, salterio soy
donde vibra el Universo:
vengo del Sol, y al Sol voy:
soy el amor: soy el verso!

XXIII

Yo quiero salir del mundo
por la puerta natural:
en un carro de hojas verdes
a morir me han de llevar.

No me pongan en lo oscuro
a morir como traidor:
Yo soy bueno, y como bueno
moriré de cara al sol.

XXXV

¿Qué importa que tu puñal
se me clave en el riñón?
¡Tengo mis versos, que son
más fuertes que tu puñal!

¿Qué importa que este dolor
seque el mar y nuble el cielo?
El verso, dulce consuelo,
nace alado del dolor.

XXXIX

Cultivo una rosa blanca,
en julio como en enero,
para el amigo sincero
que me da su mano franca.

Y para el cruel que me arranca
el corazón con que vivo,
cardo ni oruga cultivo:
cultivo la rosa blanca.

XLI

Cuando me vino el honor
de la tierra generosa,
no pensé en Blanca ni en Rosa
ni en lo grande del favor.

Pensé en el pobre artillero
que está en la tumba, callado:
pensé en mi padre, el soldado:
pensé en mi padre, el obrero.

Cuando llegó la pomposa
carta, en su noble cubierta,
pensé en la tumba desierta,
no pensé en Blanca ni en Rosa.

XLIII

Mucho, señora, daría
por tender sobre tu espalda
tu cabellera bravía,
tu cabellera de gualda:
despacio la tendería,
callado la besaría.

Por sobre la oreja fina
baja lujoso al cabello,
lo mismo que una cortina
que se levanta hacia el cuello.
La oreja es obra divina
de porcelana de China.

Mucho, señora, te diera
por desenredar el nudo
de tu roja cabellera
sobre tu cuello desnudo:
muy despacio la esparciera,
hilo por hilo la abriera.

PARA CECILIA GUTIÉRREZ NÁJERA Y MAILLEFERT

En la cuna sin par nació la airosa
niña de honda mirada y paso leve,
que el padre le tejió de milagrosa
música azul y el clavellín de nieve.

Del sol voraz y de la cumbre andina,
con mirra nueva, el séquito de bardos
vino a regar sobre la cuna fina
olor de myosotís y luz de nardos.

A las pálidas alas del arpegio,
preso del cinto a la trenzada cuna,
colgó liana sutil el bardo regio
de ópalo tenue y claridad de luna.

A las trémulas manos de la ansiosa
madre feliz, para el collar primero,
vertió el bardo creador la pudorosa
perla y el iris de su ideal joyero.

De su menudo y fúlgido palacio
surgió la niña mística, cual sube,
blanca y azul, por el solemne espacio,
lleno el seno de lágrimas, la nube.

Verdes los ojos son de la hechicera
niña, y en ellos tiembla la mirada
cual onda virgen de la mar viajera
presa al pasar en concha nacarada.

Fina y severa como el arte grave,
alísea planta en la existencia apoya,
y el canto tiene y la inquietud del ave,
y su mano es el hueco de una joya.

Niña: si el mundo infiel al bardo airoso
las magias roba con que orló tu cuna,
tú le ornarás de nuevo el milagroso
verso de ópalo tenue y luz de luna.

México, agosto de 1894.

RIMAS

III

En la falda del Turquino
la esmeralda del camino
los incita a descansar:
el amante campesino
en la falda del Turquino
canta bien y sabe amar.

Guajirilla ruborosa,
la mejilla tinta en rosa
bien pudiera denunciar
que en la plática sabrosa,
guajirilla ruborosa,
callar fue mejor que hablar.

[Tomadas de *Los Raros*, de Rubén Darío, 1896.]